Fanny Lewald

Prinz Louis Ferdinand

Ein Zeitbild - 3. Band

D1724031

Literaricon

Fanny Lewald

Prinz Louis Ferdinand

Ein Zeitbild - 3. Band

ISBN/EAN: 9783959135542

Auflage: 1

Erscheinungsjahr: 2017

Erscheinungsort: Treuchtlingen, Deutschland

Literaricon Verlag UG (haftungsgeschränkt), Uhlbergstr. 18, 91757
Treuchtlingen. Geschäftsführer: Günther Reiter-Werdin, www.literaricon.de.
Dieser Titel ist ein Nachdruck eines historischen Buches. Es musste auf alte
Vorlagen zurückgegriffen werden; hieraus zwangsläufig resultierende
Qualitätsverluste bitten wir zu entschuldigen.

Printed in Germany

Cover: Ausschnitt aus: Wilhelm Herbig, Louis Ferdinand auf dem Totenbett,;
Foto: https://commons.wikimedia.org/wiki/File:HerbigLouis_Ferdinand.JPG

Prinz Louis Ferdinand.

Ein Zeitbild

von

Fanny Lewald.

Dritter Band.

Berlin, 1859.

Verlag von A. Hofmann & Comp.

Erstes Kapitel.

Wenige Tage, nachdem der Prinz Berlin verlassen, hatte man im Wegmann'schen Hause die Taufe des ersten Enkels feierlich begangen.

Die Gäste hatten sich entfernt, die letzten Spuren des Festmales waren fortgeräumt, und eine sanfte Stille herrschte in dem Putzzimmer, an dessen Fenster die beiden alten Leute saßen. Tannengewinde schmückten die Thüren, durch welche man den Täufling getragen; weißer, feiner Sand und Tannenknospen waren auf Fluren und Treppen gestreut, und bewegten sich knisternd und duftend unter den Fußtritten der Dienstboten, welche noch geschäftig umhergingen, während die Hausfrau sich nach der freudigen Mühe des Tages auszuruhen vergönnte.

Der Mond schien durch leichtes Gewölk freundlich vom Frühlingshimmel in das Gemach, er berührte die Primeln und Schneeglöckchen mit hellem Streiflicht, welche in alterthümlichen Blumenvasen auf den Damast überdeckten Tischen standen. Im grünen Schlafrock, die Füße mit den warmen Morgenschuhen bekleidet, saß der Alte in seinem Lehnstuhl, und wirbelte blaue Wolken aus der Meerschaumpfeife in die Luft, ein Bild behaglichster Ruhe, zu der eben so friedlichen Hausfrau hinüberblickend.

1 *

Die junge Mutter hatte sich zu ihrem Kinde begeben, und liebevoll gedachten die Alten der schönen Schwiegertochter und des blühenden Enkels, als ihr Sohn zu ihnen in das Zimmer trat.

Nun mein Junge! rief der Vater dem Eintretenden entgegen, schläft Wegmann junior schon nach seinen ersten Heldenthaten? Ich wäre auch mit einem Mädchen zufrieden gewesen, aber der Knabe ist mir doch lieber. Das ist ein Nachfolger im Geschäft, und den hab' ich mir und Dir gewünscht. Jetzt fehlt uns Nichts mehr zum Glück, als —

Mein Bruder! fiel ihm der Sohn in's Wort, welcher neben den Eltern Platz genommen hatte. Ich kam herunter lieber Vater, um für Fritz bei Ihnen zu bitten. Ich, Sie, wir Alle sind so glücklich gewesen; Fritz allein hat uns gefehlt!

Der Alte nahm die Pfeife aus dem Munde. Wer trägt die Schuld? fragte er trocken. Du hast jetzt selbst ein Kind; glaubst Du, daß ein Vaterherz, daß eine Mutter sich leicht von ihrem Kinde trennen? Meinst Du, daß er mir heute nicht gefehlt hat, im Kreise der Unsern? daß ich die Thränen der armen Mutter nicht verstanden habe?

Er erhob sich und ging im Zimmer umher, der Sohn stand gleichfalls auf, nur die Mutter blieb am Fenster sitzen, still die überfließenden Augen trocknend.

So rufen Sie ihn zurück! er ist in unserer Nähe, lieber Vater!

In Berlin? hier in Berlin? und was treibt er in Berlin?

Er ist Soldat!

Auch das noch! auch diese letzte Schmach! rief der Alte in heftigem Zorn. Nicht genug, daß er sich in Leipzig mit dem Frauenzimmer eingelassen hat, daß Leipziger Kaufleute mich davor warnen mußten, daß ich auf der Messe nicht rechts noch links zu sehen wagte, aus Furcht, wegen der schändlichen Geschichte einmal zur Rede gestellt zu werden — nun noch Soldat! Mitten unter alle dem Gesindel! Der Sohn von Wegmann und Compagnie Soldat! Es wird mir Ehre machen, wenn ich mit meinen Geschäftsfreunden von der Börse komme, und man mir sagen wird: da, dort in Reihe und Glied, Herr Wegmann, da steht Ihr Sohn!

Des Königs Rock —

Den soll mein Sohn nicht tragen! rief der Alte, so heftig mit der Hand auf den Tisch schlagend, daß die Blumenvasen erzitterten und das Wasser zur Erde floß.

Und doch Vater, trug ihn der Prinz, als er uns hier besuchte! —

Der Prinz ist nicht des alten Wegmann Sohn! Der Prinz mag Soldat sein, Frauenzimmern nachlaufen, so viel er will, mein Sohn soll's nicht! Er soll es nicht.

Es entstand eine Pause. Endlich sagte Karl: So kaufen Sie ihn los. Ich hätte es gethan, aber es bedarf Ihres Zeugnisses, weil Fritz noch minderjährig ist.

Der Alte antwortete nicht. Er soll mir schwören, dem Mädchen zu entsagen! rief er nach langem Schweigen plötzlich, und ich will Alles vergeben und vergessen.

Sie wissen, bester Vater! daß er grade dies Eine verweigert; sagte Karl mit dem begütigenden Tone kindlicher Unterordnung. Sein Sie gerecht, Vater! lassen Sie uns eingestehen, daß Ihre Strenge ihn zu dem verzweifelten Schritte bewog, der ihn in's Militair getrieben hat. Sträubt sich Ihr Gefühl dagegen, ihn hier mit seiner Frau leben zu lassen, so machen Sie ihn frei. Machen Sie, daß er fortgehen, und sich in Frankreich oder Amerika eine Heimath suchen kann.

Weder in Frankreich, noch in Amerika soll mein Sohn eine Dirne heirathen, und auf keinem Punkt der Erde soll ein Judenmädchen meinen ehrlichen Namen tragen. Ich habe den Namen Wegmann unbescholten ererbt von meinen Eltern, unbescholten will ich ihn Dir und Deinen Kindern hinterlassen. Entweder er schwört das Mädchen aufzugeben, oder, so wahr Gott lebt! ich will nie mehr seinen Namen vor mir nennen hören!

Ohne eine Antwort abzuwarten, ging der Alte hastig aus dem Zimmer.

Lautschluchzend fiel die Mutter dem Sohne um den Hals. Habe ich ihn dazu mit so unsäglichen Schmerzen geboren, daß er Schimpf und Schande, Gram und Streit bringe über mein Alter? weinte sie.

Der Sohn streichelte freundlich ihr greises Haar, küßte ihre Hände, und bot Alles auf, sie zu besänftigen, sie zur nochmaligen Fürbitte bei dem Vater zu überreden. Er schilderte ihr sein Empfinden, wie er neulich, als sie im bequemen Wagen vorübergefahren, den Bruder plötzlich Holz spaltend vor der Kaserne erblickt habe. Er malte ihr das Wiedersehen am darauf folgenden Tage. Er schwor ihr, daß jenes Mädchen nur unglücklich und nicht unwürdig sei; daß sie Friedrich eine treue Gattin sein würde. Er bat sie, den Sohn kommen, ihn selbst zum Mutterherzen sprechen zu lassen — es blieb umsonst.

Und wenn mein Herz bricht, ich kann's nicht zugeben; ich darf ihn nicht sehen, ich kann nicht für ihn bitten. Wie soll ich vor Gottes Tisch, wie soll ich vor den Pastor treten, wenn mein eigen Fleisch und Blut sich mit Juden verheirathet? Ich könnt's nicht vor Gott verantworten auf dem Todtenbett!

Wie an dem harten bürgerlichen Vorurtheil des Vaters, scheiterten an der Mutter religiöser Starrheit alle Versöhnungsversuche Karls; und selbst sein junges Weib, auf deren Vermittlung er gerechnet, hatte ihm diese verweigert, weil sie vom Standpunkte der Sittlichkeit aus, sich nicht überwinden konnte, ihren Schwager und seine unglückliche Geliebte zu entschuldigen.

In traurigen Gedanken ruhte Karl, das Haupt in die Hand gestützt, an derselben Stelle, an der sein Vater gesessen hatte, überlegend, wie er dem Bruder helfen möge, sich ein glücklicheres

Loos zu bereiten, ohne den Konsens des Vaters zur Loskaufung und zur Ehe, für ihn erhalten zu haben. Nur Seitenwege, nur Bestechung, welche damals in Preußen fast Alles möglich machte, konnten zum Ziele führen; widerwillig entschloß er sich dazu.

Aber während er aufstand, um in seine Wohnung zurückzukehren, sagte er zu sich selbst: Und er sollte sein Leben opfern für ein Land, in dem jedes blinde Vorurtheil durch Gesetze, durch Institutionen geheiligt und unvergänglich gemacht wird? Wäre er in Frankreich, so wäre der Kriegsrock, der ihn hier in den Augen des eigenen Vaters entehrt, sein stolzester Schmuck, und kein Vorurtheil trennte ihn von dem Weibe, das er liebt. Er soll fort von hier und bald!

Zweites Kapitel.

Es giebt Stunden, in denen die Nothwendigkeit einer Aenderung unseres Schicksals so dringend vor unsere Seele tritt, daß wir glauben, die Möglichkeit dieser Aenderung müsse nahe liegen, müsse uns leicht werden, sobald wir nur wollen. Aber die Fesseln unserer Vergangenheit halten uns niederziehend an das Bestehende gebannt, und nur selten wird es einem Glücklichen zu Theil, eine unheilvolle Vergangenheit von sich schleudern, und ein neues Leben beginnen zu können.

Ich habe mich betrogen, sagte der Prinz zu sich selbst, als er, vom Pferde gestiegen, in Charlottenburg die Gemächer betrat, welche er dort zu bewohnen pflegte. Ich weiß jetzt, daß ein Weib immer nur ein Weib ist. Dies war meine letzte schmerzliche Enttäuschung. Wahres Glück zu suchen in der Liebe, war ein kindischer Traum. Mein Liebesleben ist zu Ende. Jetzt, heute, in diesem Augenblicke, beginne ich ein neues Dasein.

Anknüpfend an jene Unterredung auf dem Maskenballe, wollte er der Königin sich und sein Leben darbringen, jeder Selbstbestimmung entsagend. Sie sollte entscheiden, was er beginnen, was er thun solle. Er zweifelte nicht, daß sie ihn verstehen, daß sie Theil an ihm nehmen müsse, und bei der Lebhaftigkeit seiner

Einbildungskraft hatte er sich auf dem einsamen Ritte die ganze Audienz, die ganze Begegnung mit der Königin bis in die kleinsten Züge deutlich ausgemalt.

Er ließ sich melden, ward angenommen, aber die Königin war nicht allein. Ihre Oberhofmeisterin und noch eine Dame befanden sich in dem Gemache. Der Prinz kannte sie, es war Frau von Stael, die Tochter des französischen Minister Necker, eine der ausgezeichnetsten Frauen ihrer Zeit.

Noch nicht vierzig Jahre alt, groß und stark gebaut, konnte sie, trotz der Unregelmäßigkeit ihrer Züge, welche besonders in den zu vollen Lippen hervortrat, auch äußerlich für eine anziehende Erscheinung gelten. Prächtiges schwarzes Haar, in griechischen Flechten lose um das Haupt gewunden, große, flammende Augen, schöne Schultern und Arme gaben ihr einen Reiz, der durch ihre seltene Beredsamkeit noch erhöht ward.

Mehr eine Feindin Bonapartes und seiner Alleinherrschaft, als eine Anhängerin der vertriebenen Königsfamilie, war sie aus Frankreich verbannt, und schon darum am Hofe zu Berlin von allen denen mit Wohlwollen empfangen worden, welche gleiche Abneigung gegen Bonaparte hegten als sie. Auch der Prinz nahm Theil an ihrem Schicksal, liebte ihre Gesellschaft, sah sie fast täglich, und würde in jeder andern Stunde eben so erfreut von dieser Begegnung gewesen sein, als sie ihm jetzt unwillkommen erschien. Eine gleichgültige Unterhaltung mit Fremden führen zu müssen, in einem Augenblicke, in dem man an einem Wendepunkte seines Lebens zu stehen glaubt, ist schwer. Es schien ihm eine üble Vorbedeutung darin zu liegen, daß schon bei dem ersten Schritte auf dem neuen Wege ihm ein Hinderniß entgegentrat. Mißtrauisch geworden gegen sich selbst, gegen seine Willenskraft, wollte er das entscheidende Wort gesprochen haben, durch Fesseln gebunden sein, um einen Beistand gegen die eigene Schwäche zu finden, die er selbst in diesem Augenblicke eine unmännliche nannte.

Jeden Augenblick hoffend, daß die Königin Frau von Stael entlassen, daß er eine Privat=Audienz erhalten werde, konnte er sich nicht zum Fortgehen entschließen, obschon die Unterhaltung ihm eben so sehr zur Qual gereichte, als die Königin sie mit Theilnahme verfolgte.

Man sprach von den Zuständen Frankreichs, von den französi= schen Prinzen, von den Aussichten, welche sich für den Sturz Bo= napartes, für die einstige Rückkehr der Bourbons auf den Thron von Frankreich bieten konnten.

Es scheint mir unmöglich, es ist fast gegen die menschliche Natur, daß ein Zustand, wie der in Frankreich, lange dauern könne, sagte die Königin. Die Stürme der Revolution grollen fort und fort in dem unglücklichen Lande, alle Leidenschaften sind aufgeregt, Jeder glaubt sich zum Herrschen berechtigt, da die recht= mäßigen Herrscher fehlen. Wie ist es anzunehmen, daß man Bo= naparte lange eine Macht in Händen lassen werde, auf die Tau= sende gleiche Ansprüche geltend machen. Wie sie unter einander auch verfeindet sind, wird der Neid die verschiedenen Parteien verbinden, den Einen zu stürzen, der sie jetzt Alle noch in Fes= seln schlägt.

Er wird mit seiner Thrannei alle Parteien besiegen Majestät! Er wird unantastbar bleiben, so lange er sich selbst besiegt, und nicht Hand anlegt an die Republik, welche seine Mutter, das feste Fundament seiner Größe ist, behauptete Frau von Stael.

Und Das sagen Sie, die ihn einen Robespierre zu Pferde nannten? fragte der Prinz, Sie, seine entschiedene Gegnerin, die er aus Frankreich verwies?

Ich habe das Recht gewonnen, ihn zu hassen und gering zu schätzen, weil ich ihn einst so warm und wahr bewunderte. Was man einst geliebt, haßt man am stärksten, wenn es uns betrog.

Ein Stich zuckte durch das Herz des Prinzen, das Paulinens Namen nannte. Im Tone der Selbstanklage sagte er leise: auf

tausend Wegen immer zu dem einen Ziel! Dann athmete er tief
auf, fuhr mit der Hand über die Stirne, als wolle er einen bö=
sen Gedanken verscheuchen, und wendete sich gegen die Königin,
welche nähere Erklärung über die erste Behauptung der Frau
von Stael gefordert hatte.

Es gab eine Zeit, Majestät! antwortete diese, in der ich noch
an Wunder glaubte, welche die Willenskraft des Einzelnen voll=
bringt. Solch ein Wunder erwartete ich von Bonaparte, als ich
ihn den Drachen der Anarchie unter seine Ferse treten sah, stolz
und sicher über ihn fortschreitend, allmächtig durch das Vertrauen
in sich, in die Götterkraft seines Willens. Weil er so fest an sich
selbst glaubte, habe ich ihm geglaubt. Sein fanatisches Selbstge=
fühl schien mir eine göttliche Mission zu künden, und wenn der
Tod ihn verschonte, während er rings um ihn her Alles darnieder=
warf, traute ich mit Bonaparte auf seinen Stern. Es ist so er=
hebend, Großes zu erleben, an Großes zu glauben! Jetzt aber,
seit ich auch ihn nur als einen der Tausende erfunden habe, die
selbstsüchtige Zwecke mit heuchlerischer List verfolgen, seitdem hasse
ich ihn und werde ihn verachten, wenn er es wagt, die Krone
eines gemordeten Königs auf sein Haupt zu setzen, der seines
Volkes Wohl treuer und wärmer im Herzen trug als Bonaparte,
und es glücklich gemacht hätte, würde er die Einsicht dieses Usur=
pators besessen haben.

Frau von Staels Augen sprühten Flammen eines heiligen
Zornes; die Königin, der Prinz sahen sie staunend an. Sie schien
ihre Umgebung vergessen zu haben, ihr Blick haftete an keiner der
anwesenden Personen. Wie eine Sibylle hatte sie, gezwungen
durch ihr Gefühl, ihr ganzes Denken enthüllt, nun schien sie Ver=
gangenheit und Gegenwart im Geiste zu durchforschen, um die
ferne Zukunft danach zu ergründen.

Ich habe nie gewußt, daß die Republik eine so leidenschaftliche
Bekennerin an Ihnen hat, meine gnädige Frau! sagte endlich der Prinz.

Frau von Stael blickte ihn einen Augenblick in halber Zerstreuung an. Die Republik? wiederholte sie, wer kann an die Möglichkeit einer Republik glauben, wenn selbst ein Bonaparte nicht die Kraft hat, ein wahrer Republikaner zu sein. Ich habe die Republik geliebt, weil ich den Menschen achtete, die Tugend liebte, an Selbstverläugnung glaubte. Das Leben hat mich eines Anderen belehrt. Ich bin klüger geworden, doch nicht besser.

Sie schmeicheln uns nicht, bemerkte die Königin, wenn Sie die Herrscher auf diese Weise als nothwendige Uebel betrachten!

Ich erachte die Macht der Krone und ihre Träger, nach den Erfahrungen, welche ich gewonnen, für die segensvolle Schranke, für die nothwendigen Wächter, welche die Leidenschaft des Einzelnen von dem Streben nach der höchsten Macht zurückhalten, die, so lange die Selbstsucht noch die Besten verblendet, unerreichbar sein muß, um nicht von Jedem begehrt, um nicht Veranlassung zu unausgesetztem Kampfe zu werden. Aber Das hindert nicht, daß Alles, außer der höchsten Macht, theilbar und gleich getheilt sei unter denen, die dazu auf irgend eine Weise berechtigt sind. Ich denke an England und seine Verfassung, indem ich dieses sage, Majestät!

Stets bereit die Wahrheit zu hören und sich zu unterrichten, hatte die Königin die vollste Duldung für jede Meinung, und eine hohe Achtung vor selbstständiger Gesinnung, auch wo diese von ihren Ansichten verschieden war. So konnte Frau von Stael es wagen, sich offen gegen sie auszusprechen, gewiß, Verständniß und Würdigung ihrer Freimüthigkeit zu finden, wie sie sie auch von dem Prinzen gewöhnt war.

Der Eintritt des Königs beendete diese Unterhaltung. Frau von Stael wurde entlassen, die Kammerherren und Hofdamen erschienen, und man begab sich zur Tafel.

Als darauf am Nachmittage der Prinz in seine Gemächer trat, schien es ihm, als habe er seit diesem Morgen viele Monate

verlebt. Die Entschlüsse, mit denen er nach Charlottenburg ge=
kommen war, lagen ihm traumartig fern; nur ein Gedanke stand
lebhaft vor seiner Seele, die Sehnsucht nach Pauline, der Schmerz
um sie. Nicht daß er litt, beklagte er, sondern daß sie ihm ein
Leid gethan.

So lange schien ihm die Zeit, seit er sie nicht gesehen, daß
er noch in dieser Stunde zu ihr eilen wollte. Aber was sollte,
was konnte er Paulinen sagen, die sich glaubenslos gegen ihn,
vertrauend an Wiesel angeschlossen hatte.

Sie fürchtete ihr Weiberherz werde zittern bei dem Dolchstoß,
und sie bat Wiesel, ihre Hand zu führen, um sicher und tödtlich
zu treffen! rief er aus, während Thränen ihm in die Augen tra=
ten, als er sich den Entschluß abgetrotzt hatte, sie nicht wieder
zu sehen.

Tage voll tiefer Schwermuth waren diesem ersten gefolgt.
Endlich ertrug es der Prinz nicht länger.

Sage mir, daß Dein Herz nach mir verlangt, und ich liege
anbetend, liebend und vertrauend zu Deinen Füßen, schrieb er ihr.

Aber von Wiesel bestimmt, hatte Pauline sich taub gemacht
gegen ihr eigenes Gefühl, und sich in der ersten Heftigkeit ihres
Zornes so fest gebannt in die Betheuerungen, den Prinzen nie
wieder sehen zu wollen, daß sie sich vor Wiesel ihrer Liebe und
ihrer Sehnsucht wie einer Schwäche schämte.

Wirklich starke Charaktere haben den Muth und die Frei=
müthigkeit, ein Unrecht als Unrecht zu bekennen, weil sie immer
den Willen und fast immer die Macht haben, es zu sühnen.
Schwache Naturen gestehen das Unrecht ein, um hinter diesem
Eingeständnisse Schutz vor sich selbst und vor dem Tadel Anderer
zu suchen. Sie verlangen von fremder Kraft gestützt und auf
den rechten Weg geführt zu werden, um nicht durch freiwilliges
Aufgeben des bisher verfolgten Pfades einzuräumen, daß sie selbst
ihn als einen falschen anerkennen mußten.

So war es mit Paulinen. Täglich ging sie zu Rahel, machte Bekenntnisse, verlangte Aufschlüsse, Trost und Rath; sie beschwor heut ihre Liebe und ihr Vertrauen, morgen ihre Zweifel und ihren Haß, ohne ein Ende zu finden, einen Entschluß fassen zu können, weil sie sich den Anschein zu geben wünschte, als habe nicht die eigene Sehnsucht, sondern die dringende Ueberredung Anderer sie zur Versöhnung bestimmt.

Unablässig bemüht, Pauline von ihrem Unrechte zu überzeugen, litt Rahel fortwährend durch sie. Einer Frau die Leidenschaft des Mannes zu schildern, den man selbst ohne Hoffnung liebt, dazu gehört die ganze Kraft einer starken, weiblichen Seele.

Wir leben in Zuständen, schrieb Rahel einmal an Gentz, die ganz dazu gemacht sind, uns den Rest des Verstandes zu nehmen, den die Zeitverhältnisse und ihre Trostlosigkeit uns übrig gelassen haben. Pauline martert mich bis zur Nervenabspannung mit Fragen, welche sie sich alle selbst beantworten könnte. Ich aber verabscheue solche Fragen, die mir auch der Prinz und Henriette vorlegen. Einer ist unglücklicher als der Andere, und ich habe das Ehrendiplom, es am meisten zu sein.

Henriette macht sich verdiente Vorwürfe über ihr Verhältniß zu Dussek, und macht sie deshalb dem Prinzen und Dussek doppelt und dreifach. Der Prinz möchte Dussek fortschicken, behält ihn aber, um in seiner Abneigung gegen ihn, den Vorwand zum Vermeiden Henriettens zu haben, und tadelt sich doch, weil er diesen Nebenbuhler duldet.

Pauline läßt sich von Wiesel einbilden, eine erhabene Stärke zu beweisen, indem sie ein liebendes, vertrauendes Herz durch Eigensinn quält, und ich muß es sehen, mit weinender, knirschender, ohnmächtiger Wuth, daß der Prinz mitten in dieser Schlechtheit, Halbheit, Kleinheit, die uns Alle schon elend gemacht hat, sie noch immer liebt, und glaubt, und hofft.

Wiesel allein ist glücklich und froh. Er lacht über Henriette und Dussek, über den Prinzen und Pauline, aber am meisten über mich; und wie ich das Diplom habe, die Unglücklichste zu sein, habe ich auch das Privilegium, ihm am lächerlichsten zu erscheinen.

Nicht wahr, Gentz! nicht wahr? auch Sie lachen, daß ich, die kluge Rahel Levin, so dumm und blind sein konnte, von Pauline, von Wiesel's Schülerin, Wunder idealischer Liebe zu erwarten, Liebeswunder von einer Berlinerin im neunzehnten Jahrhundert! Aber Gentz! nicht dumm war ich, sondern schwach! Schwach wie ein Mutterherz, das dem kranken Kinde, wenn es phantasirend Engel zu Spielgefährten verlangt, ein Engelsbild in's Krankenzimmer bringt, und, mit der Inbrunst der Mutterliebe, auf den Knieen zu Gott schreit: Gott im Himmel, thue ein Wunder! belebe das Bild, denn der Abgott meines Herzens kann nur genesen, wenn Du ihm einen Engel sendest. — Und er soll, er muß genesen, meine Liebe will es!

Lachen Sie jetzt auch noch, Gentz? Ich weiß, Sie werden schaudern und sich wundern, daß nicht die Nacht des Wahnsinns sich um die Sinne der unglückseligen Mutter legt, wenn sie inne wird, daß Gott keine Wunder mehr thut in unserer Zeit, und sie dem hinsterbenden, engelverlangenden Lieblinge nichts zu bieten hat — als ein todtes, kaltes Bild, welches die Wüstheit seiner kranken Phantasieen steigert.

Sie sagen, Deutschland wird untergehen, — was kümmert mich Das, in diesem Augenblicke! In mir ist auch eine Welt untergegangen, und es wird eine untergehen in dem Prinzen, die mehr werth war, als alle Königreiche der Erde.

Drittes Kapitel.

___

Von seiner Unruhe fast alltäglich nach Berlin getrieben, befand der Prinz sich eines Mittags in Rahels Wohnung, als plötzlich Graf Tilly in das Zimmer trat. Rahel und der Prinz erschraken bei seinem Anblicke. Sein Haar war vom eiligen Gehen in Unordnung gerathen, des Puders zum Theil entblößt, seine Kleidung weniger sorgfältig als sonst, seine Züge drückten Schmerz und tiefes Entsetzen aus.

Was bringen Sie, Tilly? Was ist geschehen? fragten Rahel und der Prinz zugleich.

Ein Treubruch, ein Verbrechen ohne Beispiel, der furchtbarste Verrath an Völkerrecht und Menschenrecht. Bonaparte hat den Herzog von Enghien, den Sohn Bourbon Condé's, erschießen lassen.

Das ist nicht möglich! rief der Prinz, das hat er nicht gewagt!

Was wäre in dem unglückseligen Lande, was wäre dem frechen Korsen unmöglich, seit das heilige Haupt des Königs unter dem Beile der Guillotine gefallen ist?

Aber wie, unter welchem Vorwande ist Das geschehen? Der Prinz befand sich ja außer den Grenzen Frankreichs, auf deutschem Boden, unter dem Schutze eines deutschen Fürsten, wendete der Prinz ein.

Kümmert das Bonaparte? fragte Tilly. Der Herzog, bei dem Ausbruche der Revolution entflohen, befand sich in Ettlingen, wo er ruhig lebte. Plötzlich wird er von einem Detachement französischer Truppen überfallen. Man sagt ihm, daß er ein Gefangener sei. Unter dem Vorgeben, er habe Theil gehabt an Georg Cadoudal's Verschwörung gegen Bonaparte, führt man den Prinzen nach Frankreich in die Gefängnisse von Vincennes. Ein Kriegsgericht erklärt ihn des Verrathes am Vaterlande schuldig, und noch in derselben Nacht vollstreckt man das fluchwürdige Todesurtheil, indem man dem Prinzen eine Laterne vor die Brust bindet, um den republikanischen Schützen ihr Ziel zu zeigen.

Das Gesicht mit den Händen verhüllend, überließ Graf Tilly sich seinem tiefen Schmerze, während der Prinz bitter hohnlachend ausrief: Wie werden sie jammern und klagen, daß die Schlange sticht, die sie zu zertreten nicht Muth besaßen, als sie die Kraft dazu noch hatten!

Nach kurzer Unterredung verließen der Prinz und Tilly Rahel, um nach Charlottenburg zu eilen, mit dem Versprechen, ihr so bald als möglich Nachricht zu senden, wie man die Unthat dort aufgenommen habe.

In Charlottenburg angelangt, fanden sie Alles in der größten Bestürzung. Die Minister, die auswärtigen Gesandten waren versammelt. Botschaften gingen zwischen Charlottenburg und Berlin hin und her, Couriere mit Depeschen und Noten wurden nach allen Weltgegenden abgefertigt. Fast alle Mitglieder des königlichen Hauses fanden sich im Laufe des Tages ein, man kam und ging in den Zimmern der Königin, während Graf Haugwitz und die Minister den ganzen Morgen im Kabinet des Königs arbeiteten.

Das königliche Paar bewohnte in Charlottenburg die Gemächer, welche, zu ebener Erde gelegen, sich mit Flügelthüren auf die Orangerie-Terrasse öffnen. Möbel von schlichtem Holz, mit Ueberzügen von Kattunen, die man aus der Wegmann'schen Fabrik

neuerdings angekauft hatte, um den Gebrauch inländischer Erzeug-
nisse einzuführen, englische Kupferstiche und Bilder in schwarzer
Kunst, größtentheils Scenen des Familienlebens darstellend, bil-
deten den ganzen Schmuck derselben. Nirgend sah man Pracht,
nirgend Ueberfluß, aber auch nirgend eine Spur jener künstlerischen
Bildung, welche den Genuß edler Kunstwerke als eine Grundbe-
dingung des Daseins empfindet.

In dem kleinen, von dunkeln Kastanienbäumen beschatteten
Theile des Gartens, zunächst dem Schlosse, den der Hof sich zu
seinem ausschließlichen Gebrauche vorbehalten hatte, gingen die
Prinzessin Marianne, die Gemahlin des Prinzen Wilhelm, und die
Prinzessin Radziwil Arm in Arm umher, die Zeit zu verkürzen,
bis sie die Königin sehen konnten. Prinz Louis, der sich zu ihnen
gesellte, hatte dieselbe eben verlassen.

Wie haben Sie die Königin gefunden? rief ihm die Prinzessin
Marianne entgegen.

Aeußerlich gefaßt, aber bleich und still. Ihre Augen füllten
sich mit Thränen, als sie, jenes Mordes gedenkend, die Kinder an-
sah, die man auf ihren Befehl zu ihr gebracht hatte.

Und der König? was sagte er zu dem Ereignisse?

Er schweigt aus Resignation, und resignirt sich aus Pflichtgefühl,
antwortete der Prinz in einem Tone, welcher seine Unzufrieden-
heit mit dieser Handlungsweise durchblicken ließ.

Ja! die Last ist groß, welche der Zorn des Herrn in dieser
Zeit auf die Schultern der Könige wälzt, seufzte die fromme, junge
Fürstin.

Um so schneller müßte der Entschluß der Könige sein, diese
Last abzuschütteln, und sich und ihre Völker von der Tyrannei
Bonapartes zu befreien, entgegnete der Prinz.

Die Prinzessin blickte ihn mit ihren großen Augen wehmüthig
an. Spotten Sie meiner Verzagtheit, Vetter, sagte sie, aber
spotten Sie nicht über die Wege und Mittel, welche Gott wählt,

unsere Herzen zu lenken. Wir büßen vielleicht Alle die Schuld
unserer Voreltern, ihre Verschwendung, ihre Zügellosigkeit. Wer
weiß es, ob wir besser wären als sie, hätte nicht die Revolution
an unser Gewissen geklopft, und stände nicht der Entsetzliche ewig
mit dem gezogenen Flammenschwerte vor unsern Augen. Der
König handelt und duldet, wie ein christlicher Fürst es soll, er
wird auch siegen und nicht untergehen, das hoffe ich zur Gerechtigkeit Gottes, der ihn erleuchten wird.

Ich hoffe und glaube Alles, was Sie wollen, so lange Ihre
Augen überzeugend auf mich wirken, antwortete der Prinz. Fern
von Ihren Augen baue ich jedoch weit weniger auf die Erleuch-
tung des Herrn, als ich die Verblendung fürchte, deren Schöpfer
Haugwitz ist.

Aber was wird man thun, Louis? fragte die lebhaftere Fürstin Radziwil ihren Bruder; was denkt, was meint Haugwitz?

Haugwitz denkt, da die Reben nicht erfroren sind, und wir
um jeden Preis, selbst um den unserer Ehre, Frieden behalten
müssen, werde er im Oktober wieder ein Winzerfest in seinem
Garten feiern, und bei dem Weinkeltern das Blut des französischen
Prinzen vergessen können.

Scherze nicht! ich beschwöre Dich, Bruder, sage, was wird
man thun? wiederholte sie dringender.

Thun? hier in Preußen? — Nichts Louise! Bonaparte allein
thut Etwas, und zwar Alles, was er will, wir Anderen sehen zu
und staunen, antwortete der Prinz, als ein Kammerherr die Prinzessin Marianne auffordern kam, sich zur Königin zu begeben.
Die beiden Geschwister blieben zurück. Die Prinzessin nahm den
Arm ihres Bruders, und ging mit schnelleren Schritten den entle-
generen Theilen des Parkes zu.

Eine Strecke vom Schlosse blieb sie stehen, sah sich um, als
fürchte sie das Ohr eines Lauschers. Endlich, als sie sich über-
zeugt hatte, daß sie allein seien, sagte sie: Ich habe Dich gefragt,

2 *

was wird man thun, und Du haft mir mit gerechtem Spotte die Thatenlofigkeit unferes Haufes vor die Seele gerufen. Jetzt frage ich Dich, Louis, Prinz von Preußen, Enkel der Hohenzollern, was wirft Du thun?

Louise!

Nein! rief fie, unterbrich mich nicht. Ich weiß, was Du fagen kannft, weiß Alles, was mir die Mutter von Jugend auf gepredigt hat von der fchweigenden Unterwerfung unter den Willen unferes Oberhauptes, des Königs, der uns ein Gefetz ift. Ich weiß das Alles — aber ich glaube es nicht mehr, denn Bonaparte und Wir kämpfen mit ungleichen Waffen. Er hatte Nichts zu verlieren, als er feinen Weg begann, das war fein Glück, denn dadurch war er frei, und konnte die Höhe erreichen, von der herunter er uns bedroht.

Mußt du meine tiefen Wunden aufreißen, Schwefter? fragte der Prinz, krampfhaft ihre Hand in der feinen preffend.

Und blutet mein Herz denn nicht? rief fie. Glaubft Du, daß ich vor meinem Manne nicht erröthe, vor dem Polenfürften, der knirfchend das Joch der Knechtfchaft auf dem Nacken feines Volkes fieht, unabläßig auf Rettung, auf Erlöfung feines Vaterlandes denkend? Glaubft Du, ich bebe nicht, wenn das mächtige Königshaus, dem ich, fein Weib entfproffen bin, die Hände dem Ufurpator, kriechend vor ihm, entgegenftreckt, damit er, der Niedriggeborne, die Königskinder in Ketten fchlage?

Thränen des Zornes glänzten in ihren Augen, der Prinz war bleich geworden vor innerer Bewegung.

Wecke die Dämonen nicht, fagte er mit gepreßter Stimme, die mich feit Jahren verfolgen, die ich niederhalten muß mit aller Kraft meiner Seele, mich feftklammernd an Satzung und Ehre, welche mich, den Unterthan, den Soldaten, den Prinzen, mit dreifachen Ketten an den König binden.

Vor der Nothwehr endet die Pflicht! Nothwehr zerbricht die

Ketten! entgegnete die Prinzessin. Thoren die Ihr seid! Ihr bindet Euch an Gesetze, an Verträge, an Völkerrecht, einem Feinde gegenüber, der so riesig wird, weil er weder Gesetze, noch Verträge, noch Völkerrecht achtet. Er hat sich außerhalb der staatlichen Gesellschaft hingestellt. Darum ist er allmächtig geworden. Darum hat er die Möglichkeit gehabt, sich über uns zu erheben als unser böser Dämon, oder als eine Geißel des Zornes, wie die Cousine es nannte.

Soll ich ehrlos handeln, wie er?

Willst Du stehen bleiben vor der angewiesenen, gesetzlichen Schranke, im Zweikampf auf Leben und Tod, wenn Du siehst, daß Dein Gegner die Schranke niedertritt, um Dir die Pistole auf die Brust zu setzen?

Es entstand eine Pause, sie gingen wortlos neben einander her, stumm vor innerer Erregung. Plötzlich fuhr der Prinz empor und seine Schwester fragte: Was war das? Es knisterte in den Zweigen der Gebüsche, und ein Mann bog seitswärts ab in die Nebenallee, welcher ganz in der Nähe der fürstlichen Geschwister gewesen sein mußte.

Der Prinz schlug vor, einen Umweg zu machen, um ihm zu begegnen, aber sie konnten die Gestalt nicht wieder finden.

Statt des früher gesehenen Mannes, trat ihnen der Kapellmeister Reichard, ein ausgezeichneter Musiker, in den Weg, der von Halle nach Berlin gekommen war, und einen Spaziergang durch den Charlottenburger Schloßgarten gemacht hatte.

Reichard war dem Prinzen und seiner Schwester bekannt, und diese wandte sich nach den ersten Worten der Begrüßung mit der Frage an ihn: was man in Berlin an den öffentlichen Orten zu der neuesten Gewaltthat Bonapartes sage?

Es ist nur ein Schrei der Empörung überall, Hoheit! sagte der Kapellmeister. Man blickt mit Spannung nach Charlottenburg, einen entscheidenden Schritt des Königs erwartend, und ich möchte, wenn es nicht zu dreist wäre, fragen, ob Hoheit glauben, daß man einen solchen beabsichtige?

Denken Sie, daß wir die Pläne des Grafen Haugwitz kennen? rief der Prinz. Was man thun wird, weiß nur er allein. Aber Das ist gewiß, wenn dieser Bonaparte einmal Luft bekommt, ein Gericht Prinzen-Ohren zu essen, so sind diese hier — er faßte mit der Hand nach seinem Haupte — nicht sicherer als das Leben Enghien's!

Viertes Kapitel.

Acht Stunden nach dieser Unterredung der beiden Geschwister kehrte Graf Haugwitz, von der langen Conferenz des Tages ermüdet, in sein Hotel nach Berlin zurück. In einen seidenen Schlafrock von persischen Stoffen gewickelt, das Halstuch losgeknüpft, das Jabot geöffnet, und die Füße in wärmende Schuhe gehüllt, lag er, ein Portrait betrachtend, das er in Händen hielt, auf einer Bergère, die man an den Arbeitstisch gerollt hatte, während ein Rath seines Ministeriums, der vielgewandte Lombard, Briefe öffnete und Vorträge hielt.

Der Graf schien ihnen geringe Aufmerksamkeit zu schenken, und Lombard sah öfters von seinen Papieren beobachtend nach seinem Chef hinüber, der das Bild in seinen Händen mit dem lächelnden Ausdrucke höchster Zufriedenheit anblickte, und es bald nach der einen, bald nach der anderen Seite wendete, um die richtige Lichtwirkung heraus zu finden. Noch hatte er auf keinen der Vorträge anders als mit einem Kopfnicken oder einer Handbewegung geantwortet, welche der Rath jedoch durch lange Gewohnheit zu deuten wissen mußte.

Ein Brief vom Hofrath von Gentz, fuhr er fort, nicht offizielle Depesche, sondern Privatkorrespondenz. Er meldet, daß die Wahl

Bonaparte's zum Kaiser unzweifelhaft sei, daß man sie an jedem Tage erwarten könne, obschon Bonaparte noch den Widerstrebenden spiele.

Shakespeare's edler Cäsar — unterbrach ihn Haugwitz, und dreimal überreicht, wies er die Krone dreimal fort — wir kennen diese Comödien! — aber weiter! was meldet Gentz?

Daß man in Wien Bonaparte's Erhebung zum Throne als eine Kriegserklärung gegen alle legitimen Fürstenhäuser betrachte, daß man sie nicht anerkennen wolle und sie —

Sehr ungern sehe! nicht wahr Lombard? Und doch ist sie das einzige Mittel, uns Ruhe und Frieden zu verschaffen. Sie haben Alle keine Menschenkenntniß, keinen psychologischen Blick. Bonaparte hat ein Ziel im Auge, das er erreichen will und wird, dies Ziel ist die Kaiserkrone. Hat er sie erreicht, so wird das Streben aufhören, die Befriedigung, die Lust zu genießen, treten an ihre Stelle, und der Sieger gesteht zu, was man von dem Besiegten nie erlangt haben würde. Daß man in Wien es ungern sieht, das glaube ich, auch hier wird man sich dagegen sträuben. Aber das Auge des Staatsmannes, des Menschenkenners erblickt eine heilsame Nothwendigkeit, und folgt ihr, wo Kurzsichtige ein Unglück, ein Verbrechen zu sehen glauben.

Er zog aus der Tasche seines Schlafrockes eine kostbare Tabaksdose, schnupfte stark, schüttete dabei einen Theil des Tabaks über das Miniaturbild, das er in Händen hielt, und sagte, es abstäubend und es freundlich anblickend: oh pardon! chère! als ob er ein lebendes Wesen vor sich hätte.

Dann stand er auf, band den Schlafrock fest um seine Taille, setzte das Bild auf den Tisch, die Wachskerzen davor und fragte, sich zu Lombard wendend, vortrefflich! nicht wahr?

Meisterhaft, Excellenz! obschon nach einem der Kunst so unerreichbaren Originale! antwortete dieser.

Während dessen hatte der Graf angefangen, im Zimmer auf

und nieder zu gehen. Plötzlich blieb er stehen: Was haben denn seine Hoheit Prinz Louis und die Fürstin Radziwil heute den ganzen Morgen in Charlottenburg getrieben, Lombard? fragte er. So oft ich das Zimmer der Königin betrat, fand ich Einen von ihnen in dem Gemache.

Prinz Louis, Excellenz! scheint sehr ergriffen zu sein von dem Vorgange in Vincennes; es hat lebhafte Erörterungen zwischen ihm und der Frau Fürstin Hoheit gegeben.

Welcher Art?

Man hörte, daß die Frau Prinzessin ihn zu Thaten auffor= derte, des Namens Hohenzollern würdig, daß sie ihn beschwor, den Mord des Prinzen von Enghien, die Ehre der legitimen Für= sten zu rächen, welche von Bonaparte in den Staub getreten werde. Sie versicherte, daß man bei einer Schilderhebung auf den Beistand ihres Mannes, auf den Beistand aller Polen rech= nen könne.

Und der Prinz? —

Excellenz kennen ihn, und haben ihn immer richtig beurtheilt, entgegnete Lombard, der Prinz ersehnt den Krieg!

Woher diese Notizen? Lombard!

Excellenz! mein Sekretair, der mich nach Charlottenburg be= gleitete, und den Excellenz schon sonst als verläßlich erfunden, ist zufällig Zeuge jener Unterredung geworden.

Der Graf schwieg eine Weile. Fertigen Sie den Bescheid nach Wien aus, sagen Sie, wir würden die gefürchteten Entschlüsse abwarten, unsere Nachrichten lauteten anders, befahl er darauf statt aller Antwort. Und während Lombard sich zur Vollziehung dieses Auftrages anschickte, setzte Graf Haugwitz, mit sich selbst sprechend, wie es seine Gewohnheit war, das Umherwandern fort. Lombard folgte ihm mit Auge und Ohr, trotz seiner Beschäftigung, vermochte aber nur einzelne Worte dieses Selbstgespräches zu er= haschen, das ihm bedeutend zu sein schien.

Er muß fort dieser Abgott der Weiber! murmelte der Mini=
ster. Krieg! um ihn mit Lorbeeren zu krönen! um sie Alle
vollends zu bezaubern! Krieg! um die Nichtkrieger zu verspotten,
um Sieger zu sein im Kabinet, wie im Boudoir! Auch die Prin=
zessin, die Königin fordern Krieg! Das ist Zunder, Stahl und
Stein! Man muß sie trennen, daß es nicht zum Brande auf=
schlägt! —

Lombard schrieb, und der Graf wanderte umher. Endlich
blieb er stehen, und fragte, die kleinen, schwarzen Augen fest und
stechend auf Lombard gerichtet: Wie stehen denn die Herzensan=
gelegenheiten seiner Hoheit? Ist er mit Madame Wiesel wieder
ausgesöhnt? ist man wieder beisammen?

Nicht daß ich wüßte Excellenz! der Prinz soll diesen Bruch
sehr schwer empfinden.

Die Unterhaltung war hiemit zu Ende. Der Graf öffnete
ein Portefeuille, das man ihm brachte, las den Inhalt der De=
peschen, unterschrieb die Aktenstücke und Verordnungen, welche
Lombard ihm vorlegte, und stand bereits in der Thüre, um das
Arbeitskabinet zu verlassen, nachdem er den Rath verabschiedet
hatte, als er denselben nochmals zurückrief.

Sie haben mir von einem Darlehn gesprochen, Lombard, das
Herr Wiesel für die Fabrikanten Wegmann forderte. Ist es ihm
bewilligt?

Nein Excellenz! man wartet auf Ihre Resolution.

Wie hoch belief sich die Summe? ich erinnere mich nicht mehr.

Vierzigtausend Thaler auf fünf Jahre.

Legen Sie mir die Sache vor, und Herr Wiesel solle sich
morgen in der Frühe bei mir einfinden.

Mit diesen Worten verließ er das Gemach; auch Lombard
entfernte sich, jedoch erst, nachdem er vorsichtig die angelangten
Briefpackete und einige Billete an den Grafen durchmustert und
gelesen hatte.

Fünftes Kapitel.

Die Ermordung des Prinzen von Enghien, welche in Europa so heftige Aufregungen zu Wege brachte, hatte in Frankreich nur dazu gedient, einen neuen Beweis für die Gewalt Bonapartes zu liefern, und die royalistische Partei zum Schweigen zu bringen, deren Thätigkeit und Kräfte in jenem Zeitpunkte ohnehin fast erschöpft waren. Anders verhielt es sich mit der großen Anzahl wirklicher Republikaner, welche grollend und drohend die Alleinherrschaft des Kaisers betrachteten. Ihre Aufmerksamkeit von seinen Handlungen abzulenken, bedurfte Bonaparte des Krieges, als des friedlichsten Mittels zur Ausweisung der Thatendurstigen, zur Decimirung der unruhigen Jugend.

Ueberall erwartete man einen neuen Feldzug, Niemand wagte die Heimath zu verlassen, und auch Rahel begnügte sich um so bereitwilliger, für den Sommer ihren Aufenthalt in Charlottenburg zu nehmen.

In der Mitte des April bezog sie eine Wohnung am obern Ende der Schloßstraße. Hier besuchte der Prinz sie häufig, um Trost und Erhebung bei Rahel zu suchen, die es um seinetwillen ganz zu vergessen schien, wie hoffnungslos ihr eigenes Leben sei.

Pauline und Wiesel hatten Berlin verlassen, ohne den Prinzen davon vorher zu benachrichtigen, und diese ganz unerwartete Vereinigung der Gatten, mußte ihn um so tiefer verletzen, da er seit Monaten auf Paulinens Scheidung von Wiesel gedrungen, welche sie selbst als eine Nothwendigkeit anerkannt hatte.

Weder Wiesel noch Pauline schrieben ihren Freunden in Berlin, Niemand kannte ihren Aufenthalt, Niemand den Zweck ihrer Reise. Diejenigen, welche besser von Wiesel dachten, und ihm einen Rest von Liebe für Pauline zutrauten, nahmen an, daß er sie entfernt habe, um sie nicht dem Prinzen zu überlassen. Andere die ihn und seine Ansichten kannten, lachten über jene Voraussetzung. Vergebens hatte der Prinz in Vetter gedrungen, ihm Auskunft über Pauline zu geben; auch Vetter wußte nichts, als daß Wiesel, wenig Tage, nachdem die Ermordung des Prinzen von Enghien bekannt geworden war, den beiden Wegmanns mitgetheilt hätte, er würde mit seiner Frau den Sommer außerhalb Berlin zubringen, und könne dies um so leichter, da das Staatsdarlehn für die Fabrik bereits bewilligt, die königliche Kasse zur Auszahlung an die Wegmannsche Ordre angewiesen sei. Wegmann behauptete, daß man von einem Aufenthalte in Schlesien gesprochen habe, ohne doch Näheres zu wissen.

Vetter, dessen Theilnahme an Pauline nie erloschen war, hatte darauf bei allen Bekannten Wiesels in Schlesien Anfragen gemacht, um zu ermitteln, bei wem sie sich befänden, aber es stellte sich bald heraus, daß Wiesel gar nicht nach Schlesien gegangen, und auf der Polizei in Berlin überhaupt kein Paß für ihn ausgefertigt worden sei.

In der quälendsten Sorge um Pauline, in der Ungewißheit über die nächste Wendung der politischen Verhältnisse, vergingen dem Prinzen die Tage des April, und die verschiedenen Hofstaaten, welche bis dahin noch in Berlin geblieben waren, schickten sich an, die Hauptstadt mit den Lustschlössern zu vertauschen, als die Prinzessin Radziwil noch einmal einen kleinen Abendzirkel in ihrem Palaste versammelte.

Außer dem Prinzen Wilhelm mit seiner Gemahlin, den Prinzen Louis und August, und den Brüdern des Fürsten Radziwil, nebst den vertrautesten Personen dieser fürstlichen Herrschaften, zum Theil dem Regimente Garde du Corps angehörend, waren nur Graf Tilly und Frau von Stael geladen. Man hatte Musik gemacht, eine neue Composition des Fürsten Anton Radziwil ausgeführt, und dann Frau von Stael vermocht, einzelne Stellen aus Voltaire und Racine vorzutragen, denen ihr prächtiges Organ und der Schwung ihrer dichterischen Seele neues, bezauberndes Leben verlieh. Sie hatte eben geendet, als Prinz Louis den Saal betrat. Er beklagte, daß er den Genuß, sie zu hören, versäumt habe.

Sie werden bald Ersatz finden, Hoheit, entgegnete sie, denn man bereitet sich zur Aufführung von Sprüchworten, von Fabeln, und Graf Tilly hat versprochen, die Fabeln zu deklamiren, welche man errathen haben wird.

Es währte auch nicht lange, bis die erste Darstellung begann. Scenen mit und ohne Rede wurden rasch vorgeführt, und leicht errathen. Graf Tilly trug ein Paar Lafontaine'sche Fabeln vor, und man war in der heitersten Laune, als die geschlossenen Thüren des Nebenzimmers, in dem man gespielt hatte, sich abermals öffneten. Auf einem hohen Throne erblickte man einen der größten Männer der Gesellschaft. Er trug eine Teufelsmaske, eine Krone auf dem Haupte, und einen Purpurmantel auf den Schultern, der bis zur Erde herniederfloß. Plötzlich trat eine kleine Zwerggestalt, ein Napoleon Bonaparte neben ihm hervor, von Pappe und Seidenstoffen aufstaffirt, dem Nichts fehlte, was ihn kenntlich machen konnte, weder der dreieckige Hut, noch die Reiterstiefeln oder die grüne Uniform. Langsam und pathetisch schritt er bis an die Stufen des Thrones, schüttelte das Haupt, trampelte vor Zorn, bewegte verzweiflungsvoll die Arme, und versuchte dabei den Kopf in die Höhe zu heben, um zu dem Könige emporzureichen; aber umsonst, der Kleine war gar zu klein. Indeß, er ließ sich nicht abschrecken, schien Muth gefaßt zu haben, reckte sich, und fing zu wachsen an. Immer emporblickend, und wenn er ein Stück größer geworden war, an den König hinauflangend, der dann jedesmal spöttisch das Haupt schüttelte, wuchs und wuchs er mit sichtlicher Anstrengung weit und weiter fort. Der Kopf, der Leib, die Beine entfalteten sich; immer angstvoller und eifriger blickte er nach oben, immer höhnischer schüttelte der König das Haupt. Endlich, als der werdende Riese fast die Größe seines Gegenübers erreicht hatte, machte er eine letzte Anstrengung, schoß noch ein Paar Zoll in die Höhe, und streckte mit heftiger Gier die Arme nach des Königs Krone aus; aber in dem Augenblick erscholl ein Knall, die Gestalt Bonapartes platzte in der Mitte auseinander, und eine ganze Schaar kleiner, bunt gemalter Teufel, die Habsucht, den Ehrgeiz, den Mord und alle Laster darstellend, wurden aus der großen Umhüllung an Stricken in die Luft gezogen, während der Offizier, der in der Bonaparte-Maske gespielt hatte, unter dem hellen Lachen und Beifallklatschen aller Zuschauer aus dem Gerüste trat, und der Teufel, der ihn versucht hatte, vom Throne herabstieg.

La grenouille qui veut se faire grand comme le boeuf! erscholl es von allen Seiten und zugleich die Bitte, Graf Tilly, der ein Meister in dieser Art der Deklamation war, möge auch noch die Lafontaine'sche Fabel vortragen, welche jene Ueberschrift führte. Er that es mit all' der anmuthigen Laune, mit der geistreichen Mimik, welche er dabei zu entwickeln wußte, und die Heiterkeit der Gesellschaft stieg von Minute zu Minute. Unzählige Anekdoten auf Kosten Bonapartes wurden mitgetheilt, man überbot sich in Spott und Witzen gegen den hochmüthigen, tolldreisten Emporkömmling. Nur Frau von Stael saß etwas abgesondert von den Uebrigen in einer Unterhaltung mit der Prinzessin Marianne, welche, ihrer ernsteren Natur nach, an dieser spottenden Fröhlichkeit nicht Antheil zu nehmen vermochte.

Plötzlich sagte diese: Und das ist Wahrheit, Frau von Stael? keine Dichtung? es wäre ein so wunderbares Zusammentreffen!

Man hatte den Ausruf gehört, fragte, wovon die Rede sei, und bat Frau von Stael um eine Wiederholung ihrer Erzählung.

Es ist keine Erzählung, antwortete sie, nur eine ganz einfache Thatsache. Als Bonaparte, zum Tode erschöpft, eines Tages in der Wüste unter dem Schatten einer Pyramide rastete und in Schlummer versank, weckte ihn, den kaum Entschlafenen, ein Schlag, der seine Hand berührte. Er schreckt empor, eine antike Münze, welche nur von der Höhe der Pyramide herabgefallen sein konnte, liegt in seiner Rechten, und hell und deutlich strahlen ihm die Worte Cäsar Augustus entgegen.

Die Prinzessin Marianne erbleichte, ein leichter Schauder flog durch ihre Glieder, man sah es, daß sie tief ergriffen war, während Graf Tilly es ein Taschenspielerstückchen, eine Erfindung Bonapartes nannte, und Fürst Radziwil behauptete, wenn Bonaparte es erfunden habe, verrathe er dichterischen Takt und Kenntniß dessen, was auf die Massen wirke.

Getrennt von den Sprechenden, stand während dessen in einer Fensternische Graf von Brankow, ein Offizier des Regiments Garde du Corps, in eifrigem Gespräche mit dem Prinzen Louis.

Vergeben Sie mir, gnädigster Herr, sagte er, wenn ich behaupte, es gäbe keinen andern Weg der Rettung.

Als Rebellion? nimmermehr Graf Brankow!

Hier ist von keinem Eidbruche, von keiner Untreue die Rede, königliche Hoheit! Weil wir den König lieben, weil die Ehre des Vaterlandes uns heilig, sein Waffenruhm unser höchster Stolz ist, beschwören wir Sie, Sich uns nicht zu entziehen. Ohne Sie ist jener Schritt unmöglich, mit Ihnen wird er leicht. Sind wir Verräther, weil wir einen Elenden aus der Nähe des Königs entfernen wollen, der die Ehre des Vaterlandes verkauft und verschachert? Sind wir Meuterer, wenn wir uns in den Rath des

Königs drängen, um uns, dem Könige, dem Lande seine Ehre zu erhalten?

Und was gedenken Sie zu thun, was fordern Sie von mir?

Der Graf hielt inne. Nach einer Weile sagte er: Das Regiment möchte, wenn Sie gnädigster Herr! sich an die Spitze zu stellen geruhten, zum Könige gehen, im Namen aller treuen Söhne Preußens die Entlassung des Grafen Haugwitz und eine Kriegs=erklärung gegen Bonaparte zu erbitten.

Sie sagen: erbitten, Graf Brankow! Und wenn man diese Deputation nicht vorzulassen, wenn man der Bitte kein Gehör zu geben dächte? Was dann Graf Brankow?

Da der Graf schwieg, fuhr der Prinz fort: Mit Gewalt fordern, Graf Brankow! ist fluchenswerthe That. Bitten, wo wir des abschlägigen Bescheides sicher, uns eine neue Demüthigung, Haug=witz einen neuen Triumph bereiten würden, wäre thörichtes Beginnen. Ich, ein Prinz von Preußen, bescheide mich, das Glück des Friedens zu dulden, das dieser Haugwitz auf uns ladet, denn der König will den Frieden; und das Brandmal der Rebellion ist keine Ehrenrettung für das Heer des großen Friedrich. Sagen Sie das den Kameraden, welche Sie an mich gesandt haben. Meine Ueberzeugung, daß Sie abstehen müssen von jenem Unterfangen, wenn Sie Preußen, wenn Sie Kavaliere sind, bürgt Ihnen für mein Schweigen.

Die Nacht verging dem Prinzen schlaflos in heftigster Erregung, in wachen, wilden Träumen. Die Unterredungen mit der Fürstin, mit dem Grafen, wirkten in ihm nach. Er sah sich an der Spitze eines Heeres, die besten Männer des Vaterlandes strömten ihm zu, er zog Bonaparte entgegen, der Geist des großen Friedrich schwebte über seinen Fahnen. Sieg reihte sich an Sieg; Lorbeeren gekrönt kehrte er in die Heimath zurück, als Unterthan, als Herrscher. Seine Gedanken schlangen sich wild und wilder durcheinander. Warum sollte ihm, dem Fürstensohne un=

erreichbar sein, was der Sohn des Advokaten errungen hatte, das Scepter höchster, irdischer Gewalt? Er wollte das Glück, die Ehre seines Vaterlandes! Seine Hand schien sicherer, sein Herz kühner, als das seines Königs, war es nicht Pflicht, Ehre und Volk und Land zu retten? Die Königin selbst —

Die brausende Fluth seiner Gedanken stand plötzlich stille.

Er hatte sein Leben der Königin gelobt, er hatte ihr bei seiner Fürstenehre geschworen, dem Könige nie zu fehlen in der Stunde der Gefahr. Und seine Phantasien beschäftigten sich mit Hochverrath.

Er kämpfte einen ernsten Kampf. Als der Morgen kam, war derselbe beendet, der Prinz war Herr geworden über sich selbst. Mit völliger Ruhe ging er an sein Bureau, und mit sicherer Hand schrieb er die folgenden Worte: Eure Majestät! Der lebhafte Wunsch, die Zustände der deutschen Völkerschaften und ihre Heeresverfassungen kennen zu lernen, welche Kenntnisse vielleicht in kurzer Zeit Ihren Generalen nöthig sein dürften, veranlaßt mich zu der Bitte, mir einen Urlaub von vier Monaten für eine Belehrungsreise zu bewilligen. Ich werde diesen Urlaub als erloschen betrachten, sollte das Vaterland früher meiner bedürfen, und meinen höchsten Ruhm darin suchen, diesem Vaterlande und Eurer Majestät zu dienen, mit allen Kräften, welche ich besitze.

———————

Sechstes Kapitel.

Gegen die Gewohnheit seiner mittheilsamen Natur, hatte der Prinz von diesen Vorgängen mit Niemand gesprochen, und Rahel war höchlich überrascht, als er an einem der folgenden Abende ihr seinen Reiseplan enthüllte, zu dem der König in einem freundlichen Handschreiben augenblicklich die Bewilligung gegeben hatte.

Der Prinz war sehr ernst. Er setzte Rahel auseinander, wie es ihm nothwendig scheine, sich einmal für längere Zeit zu entfernen, um sich zu einem ruhigen Ueberschauen der Verhältnisse zu sammeln, und einen gewaltsamen Bruch zwischen seiner Vergangenheit und seiner Zukunft zu thun. Es sei ihm unmöglich den Handlungen der Regierung ohne Tadel zuzusehen, eben so unmöglich eine Aenderung in denselben zu bewirken, und er halte es für eine Pflicht, sich nicht in dieser ohnmächtigen Erbitterung aufzureiben. Der Augenblick der That könne nicht mehr fern sein, weil Bonaparte selbst der Friedfertigkeit des Königs ein längeres Ertragen unmöglich machen werde; und sobald dieser Zeitpunkt komme, hoffe er es dem Könige zu beweisen, wie er es immer verdient habe, als treue Stütze des königlichen Hauses betrachtet zu werden. Ueberdem, fügte er hinzu, glaube er auch für sein Verhältniß zu Henriette diese Entfernung nützlich, ja unerläßlich nothwendig.

Henriette und ich können die Liebe nicht wieder beleben, sagte er, die in uns Beiden längst erlosch, aber wir sind es unsern Kindern schuldig, in ruhigem Verständniß aneinander zu halten. Dies zwischen uns allmälig festzustellen, wird die Trennung uns erleichtern. Dussek hat sich bereit erklärt, eine neue Kunstreise zu beginnen. Wir Alle haben Ruhe nöthig, sollen wir nicht unter= gehen, und einer besseren Zukunft fähig bleiben, auf die ich zuver= sichtlich hoffe.

Rahel, so schwer die Furcht vor der nahen Trennung sie be= ängstigte, stimmte dem Prinzen aus voller Ueberzeugung bei. Man sprach von dem Wege, welchen der Prinz einschlagen, von den Orten, welche er besuchen solle, von den Verbindungen, die er an= zuknüpfen habe, um persönlichen Genuß und Belehrungen mit Vortheilen für die Partei in Preußen zu verbinden, die eine Er= hebung gegen Bonaparte im Schilde führte.

Nur Eines, sagte der Prinz, macht mir dies Scheiden schwer — die Ungewißheit über Paulinens Schicksal. Sie hat mir weher gethan, als je ein Weib. Ich fühle, daß ich mich in ihr betrogen habe, und doch Rahel, liebe ich sie, nicht nur trotz ihrer Mängel, nein! selbst um dieser Mängel willen. Können Sie Das begrei= fen, liebe Rahel?

Glauben Sie, daß ich nicht Gerechtigkeit von Liebe zu unter= scheiden wisse? Die Eigenschaften eines Feindes schätzen, seine Mängel mild beurtheilen, das ist Gerechtigkeit. Aber Liebe, was hat die mit Prüfung, mit Gerechtigkeit gemein? Liebe umschließt das Wesen eines Menschen, wie es vor uns hintritt, mit Mängeln und Eigenschaften, mit Tugenden und Lastern, mit Schönheiten und Gebrechen, denn sie ist eben die Liebe, das heißt ein göttliches Erfassen, ein göttliches Ergänzen, und darum sicher höher, als jeder Maaßstab des prüfenden Verstandes. O! ich begreife gewiß, wie man die Fehler eines Menschen liebend in sein Herz schließt! antwortete sie schmerzlich lächelnd.

Nun, so versprechen Sie mir, daß Sie, wenn Pauline zu-
rückkehrt, ihr sagen wollen — Gott des Himmels! rief er, plötzlich aufstehend, verwirren sich meine Sinne, das ist Paulinens
Stimme! —

Er und Rahel eilten der Thüre zu, aber noch ehe sie dieselbe
erreicht hatten, ward sie geöffnet, und bleich, athemlos vor heftiger
Erregung, sank Pauline mit dem Ausdruck: Endlich! Endlich! fast
ohnmächtig in seine Arme.

Des Prinzen Erschütterung, seine Freude kannten keine Grenze.
Er bedeckte ihr bleiches Gesicht, ihre Hände und Füße mit seinen
Küssen, er schalt sie, daß sie ihm Schmerz bereitet, und betheuerte
ihr, daß sie das höchste, das einzige Glück seines Lebens sei. Bald
verlangte er Erklärung über ihr räthselhaftes Verschwinden, über
ihre plötzliche Rückkehr, bald bat er sie, vor ihr knieend, nicht zu
sprechen, sondern zu ruhen, er wolle Nichts wissen, er bedürfe keiner Erklärung, denn sie sei ja bei ihm.

Ich sehe Dich wieder! rief er immer und immer, das ist genug! O! Du weißt nicht, Du kannst es nicht wissen, was es
heißt, wieder sehen, die himmlischen Züge des Wesens endlich wieder zu sehen, das man liebt. Denn man muß grade Dich lieben,
um es zu begreifen.

Schweigend den Kopf des vor ihr knieenden Prinzen in ihren
Händen haltend, und mit tiefer Zärtlichkeit ihn betrachtend, saß
Pauline da. Es schien, als müsse sie sich erst der Gegenwart be-
wußt werden, als vermöge sie noch nicht ihr Glück zu fassen.
Rahel hatte sich mit thränenschwerem Blick entfernt.

Endlich, als der erste leidenschaftliche Rausch des Entzückens
sich besänftigt hatte, vermochte Pauline über ihre plötzliche Entfernung, über ihre unverhoffte Rückkehr die Aufschlüsse zu geben,
die der Prinz ersehnte.

Ach! sagte sie, ich weiß erst jetzt, wie man mich von Dir entfernt hat, ich weiß es kaum, wie ich zu Dir gekommen bin. Sie

hatten mir die Sinne verwirrt mit jenem Brief der Todten, Eifersucht zerriß mir das Herz. Man ist so mißtrauisch, wenn man sich selbst nicht mehr vertraut. Ich glaubte an Verrath, hatte ich ihn doch an mancher Liebe selbst begangen, und ich wollte lieber leiden, als verrathen von Dir sein. Da kam Wiesel, der mein Elend sah, und sprach: Laß uns fortgehen von hier. Der Prinz soll durch mich erfahren, wohin wir reisen, und liebt er Dich, so wird er Dir folgen. Dir Gewißheit über seine Liebe zu schaffen, ist Alles, was ich für Dich thun kann.

Aber ich habe keine Nachricht erhalten, unterbrach sie der Prinz, ich —

Das, das war ja eben der höllische Betrug. Weder die Nachricht, noch einen der Briefe hat er Dir gesendet, die ich Dir in der Verzweiflung meines Herzens geschrieben. Wir lebten in Franken bei einer Verwandten Wiesels auf dem Lande. Da kommt vor vier Tagen in Wiesels Abwesenheit ein Bote, er bringt einen Brief, ich sehe das Postzeichen Berlin, erbreche das Couvert, und lese die Worte, von fremder Hand geschrieben: Werther Herr! Der Augenblick ist gekommen, in dem man es für wünschenswerth erachtet, dem Prinzen Mittheilungen über Ihren Aufenthalt zukommen zu lassen, haben Sie die Güte ihn jetzt augenblicklich von demselben zu benachrichtigen, und zwar in einer Weise, die ihn auffordert, Ihnen zu folgen, wenn Sie den verabredeten Reiseplan bereits fortgesetzt haben werden. Der Brief hatte keine Unterschrift, das Petschaft keine Chiffre. Ich verstand den Zusammenhang nicht gleich, aber ich sah, daß wir betrogen waren. Ich hatte keine Wahl. Der alte Gutspächter, der oft von mir zur nächsten Stadt geschickt worden war, um nach Briefen von Dir zu fragen, gab mir Geld, weil er meine Verzweiflung sah. Er selbst begleitete mich zur Stadt, schaffte mir einen Wagen, und ich bin bei Dir! rief sie, ihn mit ihren Armen umschlingend.

Alle Fragen des Prinzen, der den leitenden Faden dieses Lü-

gengewebes zu finden wünschte, blieben unbeantwortet, denn Paulinens leichtlebige Natur machte sie blind für Alles, was um sie
her geschah, wenn sie nicht ein vorherrschendes Interesse zum
Beobachten trieb. Endlich besann sie sich, das Geld, welches sie
geborgt, in jenen Brief gewickelt zu haben, welcher ihre Reise veranlaßt hatte. Der Prinz nahm das Blatt, es trug die Handschrift
des Grafen Haugwitz selbst, und somit blieb ihm kein Zweifel,
daß man Pauline fortgelockt habe, um die Sehnsucht des Prinzen
zu steigern, und ihn dann um so sicherer von Berlin zu entfernen.
Jenes Darlehn für die Fabrik, in der Wiesel betheiligt war, hatte
den Kaufpreis des Dienstes gemacht, dessen Haugwitz bedurfte.

Des Prinzen Empörung, sein gerechter Zorn flammten auf,
um unterzugehen in der Freude, Pauline wieder zu sehen, und
sie schuldlos zu wissen. Stunden flogen den Liebenden wie Minuten dahin, Vergangenheit und Zukunft entschwanden ihrem Auge
in dem Glück der Gegenwart, als Rahels Frage, welchen Tag
der Prinz zu seiner Abreise bestimmt habe, sie aus ihrer Freude
aufschreckte.

Wie ein drohendes Gespenst tauchte jetzt plötzlich die Vorstellung dieser Reise vor dem Prinzen, vor Pauline empor. Sie
zu verlassen, sie auf's Neue den Schlingen ihres Mannes, den
Einflüsterungen seines Uebelwollens auszusetzen, schien ihm eben
so unmöglich, als es unstatthaft war, sie mit sich zu nehmen. Er
wollte bleiben aus Liebe für Pauline; er mußte bleiben, sagte er
sich, um Haugwitz nicht durch seine Entfernung gewonnenes Spiel
zu geben. Jene Reise, die er aus der Nothwendigkeit erwählt,
sich den, von allen Seiten auf ihn eindringenden Versuchungen
zu entziehen, und den unzufriedenen Regimentern den Mittelpunkt
zu rauben, welchen sie sich zur Vereinigung ersehen hatten, jene
Reise schien ihm jetzt eine schimpfliche Flucht, seit er wußte, daß
Graf Haugwitz sie wünsche. Aber durfte er bleiben? durfte er
gewiß sein, daß nie ein Aufruf zur Empörung gegen die Absichten

des Königs einen zuſtimmenden Wiederhall in ſeinem Herzen fin=
den würde? Und was ſollte er dem Könige ſagen? wie dieſe
plötzliche Sinnesänderung erklären?

Bald zu dem einen, bald zu dem andern Schritte entſchloſſen,
von Rahel, welche die eigentlichen Gründe der Reiſe nicht kannte,
um ſeines Schwankens willen ernſt getadelt, litt der Prinz noch
zehnfach durch Paulinens Klagen und Thränen. Sich wolle er
retten vor Verſuchung, weil er ſeiner Willensſtärke nicht vertraue,
und Pauline, das leichtbewegliche, auf des Geliebten Beiſtand an=
gewieſene Weib, ſolle allein zurückbleiben in den ſchwierigſten
Verhältniſſen, dem ſchlauſten, eigennützigſten Manne gegenüber!

O! rief er, es iſt mein altes Schickſal! Alles verſchwört ſich
gegen mich, jeder Schritt zur Befreiung wird mir unmöglich, und
das erſehnteſte Glück wird mir zu neuer ſchwerer Qual! Rahel,
geben Sie mir noch einmal die ſtützende Freundeshand, und helfen
Sie mir aus dieſem Labyrinthe; denn Sie allein vermögen es!

Was ſoll ich thun? was verlangen Sie?

Ich werde reiſen, weil ich reiſen muß. Aber ſoll ich nicht
Folterqualen der Sorge erdulden in der Ferne, ſo verſprechen Sie
mir, über Pauline zu wachen, bat er dringend. Ich vertraue ſie
Ihnen, denn — Sie verſtehen es, daß man die Fehler der Ge=
liebten liebt.

Siebentes Kapitel.

Sich gleich nach diesem Wiedersehen der Geliebten von Pauline zu trennen, schien dem Prinzen unmöglich, und er hatte bald Scheingründe aufgefunden, seine Abreise für einige Zeit hinauszuschieben. Da sowohl der Prinz als Pauline entschieden gegen ihre Rückkehr in das Haus der Mutter eingenommen, und in Charlottenburg keine Wohnungen frei waren, hatte man für Pauline ein Häuschen in dem nahegelegenen Moabit gemiethet, dessen Garten die Spree bespülte, und das traulich und freundlich aus dem Grün alter Kastanienbäume hervorsah.

Unbekümmert um irgend einen Lebensbedarf, hatte Pauline weder bei ihrer Flucht von Wiesel, noch bei ihrer Uebersiedelung nach Moabit, die geringste Sorge für die nothwendigsten Dinge getragen. Daß man Kleider, daß man Möbel haben müsse, schien sie vergessen zu haben. So lange sie bei Rahel wohnte, nahm sie von deren Sachen, was ihr brauchbar däuchte, und nahm sie ohne Frage, ohne Dank, weil aller Besitz ihr selbst ganz werthlos war. Als sie Charlottenburg verließ, mußte Rahel den Prinzen aufmerksam darauf machen, daß Pauline einer vollständigen Ausstattung bedürfe, da sie es nicht wagte, die Herausgabe ihrer Sachen, welche sich theils in Wiesels, theils in Frau von Cäsars Händen befanden,

zu fordern, aus Furcht vor Mißhelligkeiten, welche sie in ihrem
Glücke stören könnten.

Den Prinzen entzückte diese Sorglosigkeit. Es machte ihn
glücklich, Pauline ganz von sich abhängig zu wissen, und mit der
verschwenderischen Großmuth der Liebe ward ein Hausstand für
Pauline hergerichtet, der ihrer Schönheit und ihrer Lust am Schö=
nen gleich entsprechend, unter dem bescheidenen Dache eines Bauern=
häuschens ein kleines Feenschloß hervorzauberte.

In dem Genusse dieses Landlebens wurden den Liebenden
glückliche Tage zu Theil. Jeden Augenblick, welchen der Prinz sei=
nen Verhältnissen zum Hofe abmüßigen konnte, verlebte er mit
Pauline, und hielten ihn Pflichten der Etikette in Charlottenburg
zurück, so wußte sie ihm, bald als Landmädchen, bald als Knabe
verkleidet, in den Gängen und Boskets des Schloßgartens zu begeg=
nen und ihm die Freude des unerwarteten Wiedersehens zu bereiten.

Aber dieses Idyll sollte nur von kurzer Dauer sein. Wiesel
war zurückgekehrt, und sowohl Henriette, als Graf Haugwitz von
Paulinens Anwesenheit benachrichtigt.

Ruhig, als könne es nicht anders sein, trat eines Tages Henriette
mit den Kindern in die Wohnung Paulinens, als der Prinz in
ihrer Gesellschaft das Mittagsmahl verzehrte. Der Knabe sprang
jubelnd an ihm empor, das kleine Mädchen breitete ihm seine
Händchen entgegen, und Henriette sagte: die Kinder verlangten so
lebhaft nach Dir, da zog ich es vor, Dich lieber hier, als gar nicht
zu sehen, und ich soll es ja auch lernen, Deine Freundin zu werden.

Hätte sie die härtesten Vorwürfe, die bittersten Klagen gegen
ihn ausgesprochen, sie würden den Prinzen nicht so hart getroffen
haben, als diese Entsagung, deren schwere Kämpfe sich in Hen=
riettens verfallenen Zügen verriethen.

Der Prinz umarmte sie, umarmte seine Kinder, aber er sowohl
als Pauline waren fassungslos. Es wollte sich kein Weg der Ver=
mittlung, keine Anknüpfung des gleichgültigsten Gesprächs finden.

Selbst die Kinder schienen, von der drückenden Schwüle erfaßt, ihr harmloses Plaudern vergessen zu haben. Endlich fragte Pauline, ob Dussek schon abgereist sei?

Er sollte den Prinzen in Dresden erwarten, antwortete Henriette sehr einfach, aber da er mir nicht schreibt, weiß ich nicht, ob er Gegenbefehl erhalten hat.

Der Prinz blickte Pauline zornig an, und doch war diese Frage nur Folge ihres Leichtsinns, ihrer peinlichen Verwirrung, nicht böser Wille gewesen. Aber er liebte Henriette in diesem Augenblicke mehr als seit Jahren, da sie ihm zum ersten Male wieder in der Schönheit wahrer Weiblichkeit erschien. Mißgestimmt gegen Pauline, wendete er sich mit achtender Zärtlichkeit Henrietten, mit Liebe den Kindern zu, und litt dennoch nicht allein für sich, sondern auch für Pauline. Ein solches Beisammensein konnte nicht dauern.

In Begleitung Henriettens und der Kinder verließ der Prinz das Landhaus, Pauline blieb in Thränen zurück. Aber trotz seines achtenden Gefühls für Henriette kam, sobald er sich ihr allein gegenüber befand, eine Erbitterung gegen sie, ein Mitleid gegen Pauline in dem Herzen des Prinzen auf. Niemals hatte er mehr das Unaushaltbare dieser getheilten Existenz empfunden, als in diesem Augenblicke, niemals weniger die Möglichkeit begriffen, Henriette, die er nicht mehr liebte, zu verstoßen, oder Pauline aufzugeben.

Vollkommen zerstört in seinem Innern kehrte er in seine Gemächer zurück. Ein Brief lag auf seinem Schreibtische. Von der Handschrift des Königs und mit dem Privatsiegel desselben geschlossen, lautete er:

Ew. Hoheit haben von Mir den Urlaub zu einer Reise verlangt, den Ich augenblicklich bewilligte, ohne daß Sie bis jetzt von jener Erlaubniß scheinen Gebrauch machen zu wollen. Es sind Mir in der Frühe Nachrichten zugegangen, die, von den schlechten Gesinnungen einzelner Regimenter sprechend, den Namen Ew. Hoheit in jene Gerüchte zu mischen wagen. Ich verachte Denunziationen, und lege auch auf diese Mir gemachte Mittheilung kein Gewicht. Den= noch rathe Ich, daß Ew. Hoheit den Reiseurlaub benutzen, um die Ehre eines Hohenzollern auch vor dem Verdachte eines straf= baren Unternehmens zu bewahren: wünsche aber, daß Sie noch einige Tage am Hofe verweilen, damit jene Personen, von welchen die Warnung ausging, nicht der Meinung werden, ihre Angeberei habe bei Mir Glauben gefunden und Ew. Hoheit Entfernung veranlaßt.

Das kommt von Haugwitz! rief der Prinz in heftigstem Zorne, während er sich niedersetzte, um dem König für seine edle Hand= lungsweise zu danken, die den Prinzen wie ein Dolchstoß in das Herz traf, und von ihm ein Vertrauen zu begehren, daß nicht mehr in dem Könige sein konnte, obschon der Prinz es zu verdienen wußte. Zugleich zeigte er dem Könige an, daß er den fünf und zwanzigsten Mai für seine Abreise bestimmt habe.

Die fünf Tage bis zu diesem festgesetzten Termine vergingen in den peinlichsten Berührungen. Die Stellung Louis Ferdinands am Hofe, an dem er, nach des Königs Willen alltäglich zu er= scheinen hatte, war sehr drückend, die Begegnungen mit Henriette voll schmerzlicher Wehmuth, das frohe, beglückende Verhältniß zu Pauline getrübt. Und um die Last dieser Zustände noch drücken= der zu machen, war die Großherzogin von Schwerin in Charlot= tenburg angekommen, der zu Ehren man Bälle und Feste im Freien veranstaltete, bei denen der Prinz nicht fehlen durfte.

So war der vier und zwanzigste Mai herangekommen. Der Prinz hatte am Morgen Henrietten Lebewohl gesagt, und sie wa= ren von einander mit gramzerrissenen Herzen und doch voll Liebe und Vergebung geschieden, wie Menschen, die nicht mit einander leben und nicht von einander lassen können. Erschöpft und der innern Sammlung bedürftig, hatte er gehofft, am Abende Pau= line noch in Ruhe zu sehen, und die letzten Stunden vor dem Scheiden mit ihr verleben zu können, als man ein neues Fest im Garten in Vorschlag brachte, bei dem man Bauernquadrillen und kleine Aufzüge beabsichtigte, und den Beistand des Prinzen in Anspruch nahm.

Aber mitten in den Zurüstungen für diese Spiele langte eine Nachricht in Charlottenburg an, welche, obschon seit Wochen gefürchtet, einen tiefen und nachhaltigen Eindruck auf die königlichen Wirthe und ihre fürstlichen Gäste machen mußte.

Bonaparte war am achtzehnten Mai zum Kaiser erwählt und am zwanzigsten unter dem Namen Napoleon der Erste als solcher ausgerufen worden. Le petit caporal, auf den man von den Thronen mit so legitimem Stolze herabgesehen, der freche Korse, den man in den Sälen der Prinzessin noch vor wenig Tagen als einen Gegenstand des Spottes dargestellt hatte, saß in dieser Stunde als Kaiser auf einem Throne, den ihm das ruhmreichste Volk Europa's selbst bereitet hatte, und verkündete den Sieg des eingebornen Genius über die angeerbte Macht.

Während man im Schlosse diese Botschaft erhielt und dieselbe klopfenden Herzens in den Schäferanzügen besprach, hingen bereits Tausende von bunten Lampen in dem jungen Grün der Bäume, wiederstrahlend aus den Teichen und Bassins des Gartens. Zwischen den eleganten Männern und Frauen des Hofes schlüpfte das Dienstpersonal noch eilig umher, hier eine verlöschende Lampe frisch anzuzünden, dort eine Guirlande zu ordnen, welche in der Eile nicht fest genug an die Baumstämme geknüpft worden war.

In dem ganzen Theile des Gartens, der sich vom Schlosse abwärts bis zu den großen Wiesenplätzen jenseits der Brücken erstreckt, herrschte reges Leben und Tageshelle strahlte aus den untern Sälen des Palastes, deren Fensterthüren nach der Terrasse geöffnet standen, wogegen die nicht erleuchteten Partien des Gartens um so lauschiger erschienen. Im Schutze dieses Halblichtes landete um die neunte Stunde vorsichtig ein Kahn an einer jener Steintreppen, die von der rechten Seite des Gartens zur Spree hinabführen. Nur flimmernd machte sich hier das Licht der Lampen durch die Zweige sichtbar; verscheucht von dem Lärm des Festes sangen die Nachtigallen hier ihre süßen Lieder, und das Mondlicht strahlte sanft auf den Weg hernieder, den Pauline zu ihrem Stelldichein verfolgte.

An der äußersten Grenze des Gartens liegt auf einer in die Wiesengräben hineinragenden Spitze ein Pavillon. Rohrgeflecht überzieht von außen die Wände und Fenster, eine kleine brückenartige Gallerie schließt ihn ein. Dort sollte Pauline den Prinzen erwarten.

Unbemerkt schlüpfte sie hinein und kaum war es geschehen, als der Prinz ihr bereits folgte.

Louis! rief sie ihm entgegen, ich habe eine Bitte an Dich, Du mußt mich mit hinaufnehmen nach dem Schlosse, ich muß das Fest ansehen.

Der Prinz, abgestumpft gegen alle solche Eindrücke, vermochte nicht, Paulinens Ergötzen daran zu verstehen, und fühlte sich unangenehm davon berührt, daß sie in einer Trennungsstunde nach dem Genuß einer leeren Zerstreuung verlangte. Er war nicht fähig, ihr dieses zu verbergen.

Aber sich an ihn schmiegend, wie ein Kind, das schmeichelnd Verzeihung und Gewährung erfleht, sagte sie: Kann ich denn dafür, Louis, daß ich von bürgerlichen Eltern geboren bin? daß mich der Glanz des Hofes und all die Pracht entzücken, die Dir gleichgültig sind, weil Du sie besessen hast von Jugend an? Menschen wie ich, werden das nie gewohnt, nie überdrüßig!

Josephine Beauharnois wird es wohl gewohnt und überdrüssig werden als Kaiserin von Frankreich, meinte der Prinz.

Pauline horchte auf und fragte; sie erfuhr, was vorgegangen war.

O! rief sie, die Glückselige! Wie göttlich muß es sein, aus der Hand des Geliebten eine Kaiserkrone zu empfangen.

Da faßte der Prinz krampfhaft Paulinens Rechte über dem Handgelenk, und sie so fest drückend, daß sie davon erbebte, sprach er: Mußt Du mir sagen, was seit einer Stunde in meinem Herzen wüthet, als ein brennender, zerstörender Schmerz?

Pauline blickte ihn erschrocken an. Sie fragte, was er meine, und knieete vor ihm nieder, den Blick seines Auges aufzufangen, da er sich auf eine der Bänke gesetzt, und das abgewendete Antlitz schwermüthig sinnend auf die Hand gestützt hatte.

Als sie nun vor ihm lag und die Mondesstrahlen ihr helles Haar umglänzten, nahm er sanft ihr Haupt in seine Hände. Ja! sagte er: dies Haar verlangt eine Krone, und ich habe sie diesem schönen, stolzen Haupte nicht zu bieten! Sieh Pauline! seit Tagen habe ich mir gesagt, Bonaparte wird Kaiser werden und das Diadem drücken auf Josephinens Stirne. Daß er dies vermag, daß er sein Weib hinstellen kann und sagen: weil ich sie liebe, sollt Ihr sie Alle lieben; die Fürsten der Erde sollen sich vor ihr neigen und Ihr sollt niederknieen vor ihr, als vor Eurer Kaiserin; daß er alle Ehren und Schätze der Welt häufen kann auf ihr geliebtes Haupt, das, das ist es, was ich ihm beneide.

Pauline versuchte ihn zu beruhigen. Sie betheuerte ihm, wie glücklich sie sei, sie überhäufte ihn mit Zärtlichkeit; aber mitten in den Liebesworten und Versicherungen, welche sie aus vollem Herzen gegen ihn aussprach, zogen vor Paulinens Seele alle Möglichkeiten des Glückes vorüber, die sich der neuen Kaiserin eröffneten, und plötzlich rief sie: Wie stolz muß sie auf Bonaparte sein!

Der Prinz fuhr vor diesen Worten zusammen, und sagte dann: Sei unbesorgt Pauline! Du sollst nicht erröthen dürfen über Deine Wahl. Eine Krone habe ich Dir nicht zu geben, aber ein Lorbeerkranz soll Dir einst zu Füßen gelegt werden, und wäre er auch blutgetränkt. Das verspreche ich Dir. Vielleicht steht dann der Todte höher in Deiner Liebe, als der Lebende in dieser Trennungsstunde.

Achtes Kapitel.

———

Etwa anderthalb Jahre nach diesen zuletzt erwähnten Ereignissen, durchwandelte eine Frau raschen Schrittes die Alleen des Thiergartens, wie Jemand, der achtlos für die Außenwelt mit den eigenen Gedanken beschäftigt ist. Sie trug einen Ueberrock, einen sogenannten Schanzenläufer, von hellgelbem Casimir mit doppelten Pellerinen, da der feuchtkalte Oktobertag schon wärmere Bekleidung forderte, einen Hut von weißem Atlas, aus dem ihre dunklen Augen unter schwarzem Haargelock lebhaft hervorblitzten, und Vetter, der in Begleitung eines andern Mannes herankam, erkannte schon von fern Rahel Levin an Kleidung und Gang.

Sie schritt den Männern schnell entgegen und fragte, Vetter mit einem Gruße die Hand gebend und dann sich zu dem Andern wendend: Nun, Herr Geheimrath! wie stehen die Sachen? welche Nachrichten haben Sie?

Der Angeredete war Johannes Müller, der Verfasser der Schweizergeschichte, ein kleiner Mann, von beweglichen Gesichtszügen und großer Lebhaftigkeit der Geberden. Er zuckte bedenklich mit den Schultern. Die Sachen stehen so, Mademoiselle! antwortete er, daß ich wollte, Sie verlangten keine Nachricht!

Aber was ist denn eigentlich geschehen?

Nun, Bernadotte, der noch immer mit seinen Truppen in Anspach und Bayreuth verweilt, hat, als Hardenberg dagegen, wie gegen einen Friedensbruch, protestirte, ausdrückliche Befehle Napoleons vorgelegt. Die Franzosen hausen dort wie in Feindesland, und als man hier dem Gesandten Laforest Vorstellungen machte und Aufklärungen verlangte, leugnete er entschieden die Thatsachen, die Brutalitäten ab, welche dort verübt worden sind, und sprach abbrechend ganz ruhig von pariser und berliner Tagesneuigkeiten.

Das ist unerhört! das ist beispiellos! rief Rahel im Tone der Entrüstung.

Unerhört? beispiellos? wiederholte Vetter, liebe Rahel, das sind die Worte, die man in Preußen aus dem Lexikon streichen sollte. Bei uns ist leider seit Jahren keine politische Schande mehr unerhört. Ist es denn nicht schmachvoll, daß Preußen, welches vor vierzig Jahren dem vereinten Oesterreich und Frankreich glorreich die Spitze zu bieten vermochte, welches seitdem Deutschland vorangeleuchtet als eine große, starke Macht, jetzt zu der Rolle einer Exekutiv-Behörde Bonaparte's herabgesunken ist?

Ja! fiel ihm Müller in die Rede, ja Herr Assessor! Exekutivgewalt Bonaparte's, voilà le mot! Nous ne sommes que cela! Und wie Polizeispione, wie Häscherknechte werden wir im ganzen übrigen Deutschland verachtet und gehaßt.

Es ist, als ob ein Wahnwitz die Regierung erfaßt hätte, meinte Rahel. Können Sie denken, daß ich gestern verschiedene Personen aus den Ministerien gesprochen habe, die mir triumphirend die unglückselige Neuigkeit von der Vernichtung des österreichischen Heeres bei Ulm erzählten? Triumphirend bei einem Ereigniß, das Napoleon in kürzester Zeit zum Beherrscher Deutschlands machen muß.

Cela vous étonne! sagte Müller, der von seinem langen Aufenthalte in der französischen Schweiz, die Gewohnheit angenommen

hatte, das Deutsche mit französischen Redensarten zu untermischen.
Cela vous étonne! Was werden Sie aber sagen, Mademoiselle Levin,
wenn ich Sie versichere, daß alle jene Schritte, die man zu einer
Annäherung an Rußland und die österreichisch = englisch = russische
Triplealliance gethan hat, nur scheinbar sind!

Ich sollte es Ihnen glauben, Herr Geheimerath! aber ich
vermag es nicht. Denn wozu in diesem Falle das Ausrücken
unserer Truppen nach Franken, Hessen, Westphalen? Wozu die
Spiegelfechterei der russischen Freundschaft, und die bevorstehende
Ankunft des Kaisers Alexander?

Zur Spiegelfechterei meine Verehrte! zur Spiegelfechterei!
Meinen Sie, eine Sumpfpflanze könne Rosen tragen? ein Mensch
könne in seinem politischen Leben seinen Privatcharakter ver=
läugnen? Dem widerspricht die Erfahrung der Geschichte. Stellen
Sie den graden, durchweg deutschen Hardenberg an das Ruder
der Geschäfte, und Sie werden Handlungen erleben, die in ver=
nünftiger, nothwendiger Folge auseinander hervorgehend, das Ver=
nünftige, das Ehrenwerthe erstreben und erreichen. Ein Minister,
der in seinem Privatleben ein uneigennütziger Ehrenmann ist, wird
auch dem Staate eine würdige, eine auf Achtung gegründete Stellung
zu verschaffen wissen. Wer aber wie Haugwitz sich von einer
Misere in die andere stürzt, von jämmerlichen affaires de coeur in
jämmerliche intrigues d'antichambre, und noch jämmerlichere liaisons
mit Illuminaten und Mystikern; wer heute sündigt nnd morgen
bereut, um übermorgen wieder zu sündigen, der wird und muß
gleiche Unordnung, gleiche Jämmerlichkeit über das Land bringen,
dessen Angelegenheiten er leitet. Haugwitz ist es, und sein ser=
viler Intriguengeist, qui flétrit à tout jamais la gloire de la Prusse,
und der das Preußen Friedrichs des Großen zu Grabe trägt.

Eine Weile gingen sie schweigend neben einander. Dann
sagte Vetter: Haugwitz soll in diesen Tagen der Geldnoth fast
alle seine Gläubiger, und zwar mit französischem Gelde, bezahlt

haben. Indeß würde die Thatsache an sich Nichts beweisen, denn wir haben seit Jahren so viel französische Truppen in Deutschland, daß französische Münzen eben so häufig bei uns sind, als die deutschen.

Sie sagen Deutschland! mais c'est une chose qui n'existe plus! mein werther Herr! bemerkte der Geheimrath Müller. Nennen Sie Deutschland jene verschiedenen Länder, deren Fürsten, Oesterreich ausgenommen, nur darin einig sind, daß Jeder den eigenen Vortheil sucht, wozu denn freilich das unglückselige Preußen das erste und fortdauernde Beispiel gegeben hat? Das deutsche Oesterreich triumphirte, als es vor wenig Tagen die deutschen Baiern an der Iller geschlagen. Preußen besetzt Hannover, ein deutsches Land, für Frankreich und triumphirt über Oesterreichs Niederlage bei Ulm, wie Mademoiselle sehr richtig bemerkte. Wo sehen Sie da ein Deutschland? Bonaparte kannte die Unfehlbarkeit des Grundsatzes divide et impera! Ein starkes, einiges Deutschland war eine Macht, die ihm trotzen konnte. Fünfzig Fürsten, die einander aufreiben in kleinem Eigennutz, zerstören diese Macht und lassen dem Feinde nur die angenehme Mühe, die Brocken der einstigen deutschen Größe in seine Tasche zu stecken, in der sich das Getrennte dann wieder zu einem Ganzen zusammen findet.

Bei diesen Worten hatte man das Chausseehaus des Charlottenburger Weges erreicht, und Rahel fragte, als der Geheimrath weiter gehen zu wollen schien, ob er es nicht vorziehe, umzuwenden, da die Sonne schon tief gesunken war und der Abend kühl wurde. Aber Müller lehnte es ab.

Ich bin mit so freudigem Stolze in die Dienste Preußens getreten, sagte er, daß ich den Untergang dieses Reiches nicht ohne den bittersten Kummer anzusehen vermag. Denken Sie, daß ich, berufen hier die Geschichte des großen Friedrich, die Geschichte Preußens zu schreiben, jetzt als Historiograph des Königshauses die schmachvollen Ereignisse der Gegenwart aufzuzeichnen habe. Ich will nach Charlottenburg hinausgehen, den Herzog

Karl von Strelitz aufzusuchen, um durch diesen Bruder, den die Königin liebt, immer und immer wieder den Nothruf an ihr Ohr dringen zu lassen.

Das heißt das Faß der Danaiden füllen, Herr Geheimrath, meinte Better, so lange Haugwitz allein das Ohr und das Vertrauen des Königs besitzt.

Wohl möglich! aber wie die Danaiden, folge ich einem eisernen Müssen, einer innern Nothwendigkeit. Lassen Sie mir den Trost, d'avoir fait mon devoir, d'avoir fait tout ce que je pouvais, um nicht den Untergang der Monarchie des großen Königs schreiben zu müssen.

Mit diesen Worten verließ Johannes Müller die beiden Andern, welche den Rückweg antraten. Rahel ging nun an Vetters Arm zurück, und die Unterhaltung wendete sich bald auf den Prinzen Louis Ferdinand. Vetter fragte, ob Rahel nicht wisse, wie man das Gesuch des Prinzen aufgenommen habe, ihm eine der ausrückenden Heeresabtheilungen anzuvertrauen?

Man hat es mit dem Vorgeben abgelehnt, daß der Herzog von Braunschweig, der Fürst Hohenlohe und der Kurfürst von Hessen als ältere Generale bereits dazu ernannt worden seien.

Und wie nahm es der Prinz?

Lieber Freund! wie nimmt man Tantalusqualen? — Nichts! aber Nichts kann er erlangen, nicht Wirksamkeit, nicht Ruhe, ja nicht einmal eine schöne hohe Liebe, die doch bei seiner Natur so leicht erreichbar scheinen müßte.

Aber Pauline?

Liebt er leidenschaftlich, und dennoch ohne eigentliches Glück. Es ist wunderbar: während Wiesel, der ihr Nichts als Leid bereitet, sie heute noch so vollkommen beherrscht, daß der Prinz ihre Scheidung von ihm nicht durchzusetzen vermag, welche er schon seit seiner Reise forderte, ist der Prinz noch nicht dahin gelangt, wirkliche Herrschaft über Pauline zu gewinnen.

4 *

Früher, sagte sie dann nach einer Pause, habe ich mich oft gefragt, worin es liegt, daß manchem Menschen, daß zum Beispiel dem Prinzen, daß mir aber auch gar Nichts gelingt; habe nach= helfen, das Schicksal spielen, ordnen und zurecht legen wollen. Jetzt ergebe ich mich in das Leidenmüssen, denn ich weiß, woher es kommt und daß es nicht anders sein kann.

Und worin besteht diese Einsicht, Rahel!

In der einfachen Erkenntniß, daß der Boden gesund sein muß, auf dem Glück aufgehen soll. Wer aber keinen ausfüllen= den, ihm natürlichen Beruf im Leben findet, dem fehlt der gesunde Boden. Und weil ein solcher mir, weil er dem Prinzen fehlt, sind wir die Narren des Glückes geblieben, während Henriette, die ihn hat, sich in der Erfüllung ihrer Mutterpflichten zurechtge= funden, und durch diese ihr naturgemäße Entwicklung, auch die warme Neigung des Vaters ihrer Kinder wieder gewonnen hat. Ich bin neulich ganz erstaunt darüber, wie gefaßt und wie ruhig sie geworden ist. Und sie wird durch diese Ruhe besser und an= muthiger, als sie jemals war.

Wiesel behauptete dieser Tage, meinte Vetter, der Prinz werde sich der Kinder wegen mit Henriette trauen lassen.

Nicht mit Henriette, und auch mit Pauline nicht! entgegnete Rahel. Denn weil er Beide liebt, weil er keine von Beiden lei= den sehen kann, leidet er für Alle und wird von den Furien der widersprechendsten Gefühle so lange umhergetrieben werden, als noch ein Funken Lebenskraft in ihm sein wird. Er fühlt und weiß das selber, dieser Ueberzeugung muß er leben, ein Prinz sein, witzig sein und lächeln, und außerdem zusehen, daß Preußen un= tergeht.

Neuntes Kapitel.

————

Nehmen Sie Platz! und vielen Dank! mein werther Herr! sagte einige Tage später der erste Kanzleirath des Haugwitzschen Ministeriums, als der junge Wegmann Abends in die Geheimkanzlei getreten war, deren Thüre der Secretair sorgfältig hinter dem Ankommenden verschloß.

Sie haben also meine Sendung erhalten, Herr Kanzleirath!

Zuverlässig! werther Herr Wegmann! und auch die schöne Zugabe für meine Frau, die auf das Angenehmste von Ihrer Galanterie überrascht worden ist.

Ich habe den Shawl von Paris mitgebracht, bemerkte Karl, wo ich leider durch das Ausbleiben der Zahlung jener zweiten Hälfte der vierzigtausend Thaler, so ungemein lange aufgehalten wurde. Erst heute bin ich hier eingetroffen, und mein erster Gang ist zu Ihnen, um Sie an Ihr anderweitiges Versprechen zu erinnern. Haben Sie die Ursachen endlich ermitteln können, um derentwillen man so hartnäckig die Entlassung meines Bruders verweigert, die mir so sehr am Herzen liegt?

Diese Entlassung wird schwer zu erlangen sein verehrter Freund! bedeutete der Kanzleirath, so lange Ihr geschätzter Herr Vater dieselbe nicht in Person begehrt. Denn da Ihr Bruder nur kör-

perlich angegriffen, nicht organisch krank ist, liegt gar kein Grund
für seine Freigebung vor.

Gesetzlich nicht, das weiß ich! aber man ist sonst ja in glei=
chem Falle nicht eben streng gewesen, warum will man hier sich
denn so eisern an den Buchstaben des Gesetzes binden?

Der nahe Ausbruch des Krieges! meinte achselzuckend der
Beamte, und manche andere Rücksicht —

Herr Kanzleirath! sprechen Sie es aus, was Sie mir ver=
schweigen. Der Ausbruch des Krieges ist es nicht allein, wie Sie
selbst mir andeuten. Welche Rücksichten hindern es, daß man für
meinen Bruder einen Ersatzmann annimmt, den ich so groß und
so kräftig stellen will, daß Friedrich Wilhelm der Erste ihn in seine
Garde aufnehmen könnte. Sie wissen, Herr Wiesel und selbst seine
Hoheit Prinz Louis haben sich bei dem Regimentskommandeur
dafür verwendet, als meine Geschäfte mich zu schleuniger Abreise
zwangen.

Sehen Sie, Werthester! sagte der Kanzleirath, sich nahe zu
Wegmann hinneigend und die Hand auf seinen Arm legend, wäh=
rend er leiser sprach, sehen Sie, Werthester, das war eben das
Unglück. Hätten Sie die Sache abgemacht, wie Sie selbst sie
angefangen, so wäre das mit dem Unteroffizier, dem Feldscheer
und dem Regimentskommandeur ein Leichtes gewesen. Nun aber
reisten Sie ab, Herr Wiesel ging in Ihrem Auftrage zu dem
Obersten, bezog sich auf den Beistand des Grafen Haugwitz, des
Prinzen Louis Ferdinand. Der Obrist, um dem Grafen Haug=
witz seine Bereitwilligkeit zu zeigen, fragte bei seiner Excellenz
persönlich an, und damit war denn eben die Sache verloren.

Aber erklären Sie mir nur, was kann Graf Haugwitz daran
liegen, ob mein Bruder frei wird oder nicht, da er in der That
von dem ihm ungewohnten Leben so leidend ist, daß er unmöglich
einen Marsch, einen Feldzug in dieser Jahreszeit ertragen könnte.
Ich würde im Augenblicke des Krieges nicht Alles daran setzen,

ihn dem Dienste zu entziehen, wäre es nicht eine Nothwendigkeit für seine Erhaltung.

Der Kanzleirath rückte noch näher. Wissen Sie, wie Herr Wiesel jene Bewilligung der vierzig tausend Thaler erlangte? Graf Haugwitz steht sich schlecht mit dem Prinzen Louis, und wünschte ihn von Berlin zu entfernen. Herr Wiesel versprach die Entfernung zu bewirken, und hielt nicht Wort. Darum zögerte man, Ihnen den Rest des Geldes auszuzahlen; darum, weil man dem Prinzen und Herrn Wiesel nicht gefällig sein wollte, hat man die Freilassung Ihres Herrn Bruders hintertrieben. Ich habe zufällig erfahren, daß man diese Einmischung des Prinzen in die Angelegenheiten fremder Regimenter übel gedeutet, und höchsten Ortes an Vorgänge erinnert hat, bei denen er einmal durch ähnliche Einmischungen in schlimme Verwickelungen mit einem Offizier gerathen ist. Ich weiß auch, daß man ihn höchsten Ortes zur Vorsicht ermahnt und ihm nochmals streng alle Uebergriffe in Angelegenheiten verboten hat, die nicht in sein Ressort gehören.

Und zu welchen Schritten würden Sie mir bei dieser Lage der Sache jetzt noch rathen können, um an mein Ziel zu gelangen?

Es käme auf einen Versuch an, meinte nach einigem Besinnen der Beamte, ob sich nicht durch die kleine Nina vom Ballette Etwas erreichen ließe. Es ist ein hübsches, artiges Kind, wohlgelitten bei hochstehenden Personen, hat schon hie und da eine carte blanche zu erschmeicheln gewußt, die man nachher nicht zurück zu nehmen vermochte. Sie sah das Ameublement, zu dem Sie uns den Stoff gesendet, und fand es sehr hübsch. Vielleicht könnte sie Etwas thun. Dabei, mein werther Freund, fällt mir ein zu fragen, ob man dieses Zeug wohl auch in anderen Farben hat? Sie wünschen bei mir zu Hause ein zweites Zimmer einzurichten, und baten mich, gelegentlich nachzufragen, ob der Stoff vielleicht aus Ihrer Fabrik genommen sei, und ob man auch im Handel davon erhalten könnte?

Ich werde für das Nöthige sorgen, antwortete Wegmann kurz, und stand auf, sich zu empfehlen. Als er schon an der Thür war, rief ihn der Kanzleirath zurück. Sprechen Sie vor allen Dingen doch noch einmal mit dem Kriegsrath Momsen. Er pflegt Abends im Theater zu sein, und wird heute gewiß nicht fehlen, da man den Tell von Schiller aufführt, dem die höchsten Herrschaften bei= wohnen sollten. Schlüge aber Alles fehl, so bleibt noch der Ver= such übrig, sagte er, daß Ihr Bruder bei dem Ausrücken des Regi= ments, das in den nächsten Tagen erfolgen muß, sich aus dem Staube zu machen sucht. Sie müßten dann die Etappen wissen und dort vorsorgen. Was ich Ihnen dabei helfen kann, soll gern geschehen.

Die Hand im Unmuthe zusammenballend, stieg Wegmann die Treppe des Ministeriums hinab, um sich nach dem Schauspielhause zu verfügen.

Die Straßen waren strahlend erleuchtet, die Ankunft des Kaisers von Rußland zu feiern, aber in den Gemüthern der Ein= sichtigen sah es nicht so heiter und strahlend aus.

Die französische Besetzung von Anspach und Bayreuth hatte auch den Gleichgültigeren die Augen geöffnet. Man begriff die drohende Gefahr, und das Erscheinen des Kaisers, dessen liebenswürdige, ritterliche Persönlichkeit Männer und Frauen begeisterte, ward des= halb als ein Rettungsmittel begrüßt, das die Hoffnung politischer Aenderungen in Aussicht stellte. Wo sich der Kaiser in Begleitung des Königs zeigte, scholl ihrer Vereinigung von allen Vaterlands= freunden ein Vivat entgegen, von allen Gebildeten erklang der Ruf zu den Waffen, zum Kampfe, nur am Hofe sprach man noch von Ausgleichungen, und wollte den Frieden.

In den Theatern ward jede Anspielung auf die Erhebung eines Volkes, auf die Freiheit der Nationen mit Beifallssturm empfangen, und die Aufführung des Wilhelm Tell von Schiller, der zum erstem= mal in Berlin gegeben werden sollte, wurde förmlich als ein poli= tisches Zugeständniß an den Willen der Kriegspartei betrachtet.

Der ganze Hof sollte der Darstellung beiwohnen. Der Prinz
hatte Wegmann aufgefordert, ihm die Auskunft über den Erfolg
seiner Unterhandlung mit dem Kanzleirath in das Theater zu
bringen. Wegmann sollte am Ende des dritten Aktes den Adju=
tanten des Prinzen im Büffetzimmer treffen. Da es aber durch
die große Galaerleuchtung sehr warm in den Logen geworden, war
der Prinz selbst mit seinem Adjutanten hinabgegangen, noch ehe
der Akt zu Ende war. Hinter einem Wandschirm, den man in
dem Büffetzimmer zum Schutze gegen die Zugluft aufgestellt hatte,
nahm der Prinz, in seinen Mantel gehüllt, einen Platz, von dem
aus er die Anwesenden sehen konnte, ohne gesehen zu werden.

Das Zimmer war noch fast leer, als Wegmann eintrat, nur
in einer Ecke, zunächst dem Platze des Prinzen, saßen jenseits des
schützenden Schirmes drei Männer in eifrigem Gespräche bei ihren
Punschgläsern. Ein Vierter ging, eine Melodie vor sich hinsummend,
auf und ab. Die Trinkenden hatten sich hier fest niedergelassen, und
schienen die Aufführung des Tell nicht weiter ansehen zu wollen.

Der Eine war ein königlicher Stallmeister, der Andere eben
jener Kriegsrath, an den Wegmann gewiesen worden war. Diese
Beiden machten die Erzähler, und besonders der Kriegsrath, ein
noch junger Mann, legte in jede seiner Aeußerungen das ganze
Gewicht der hohen Bedeutung, die er sich selbst zuschreiben mochte.
Der Dritte, ein wohlhabender Materialhändler, hörte ruhig zu,
seinen Punsch trinkend, und nur hie und da eine Frage dazwi=
schen werfend.

Nachdem Wegmann dem Prinzen die Erfolglosigkeit seiner
bisherigen Bemühungen mitgetheilt hatte, rieth dieser ihm, sich
gleich hier an den Kriegsrath zu machen, dem Wegmann schon
bekannt war. Ich höre ihn ohnehin schon eine ganze Weile und
mehr als nöthig über Krieg und Frieden unterhandeln, sagte der
Prinz. Vielleicht erfahren Sie irgend Etwas, das Ihnen nützlich
ist, ohne daß Sie darum zu fragen brauchen.

Wegmann trat hinzu, der Kriegsrath lud ihn ein, Platz zu nehmen, und der Kaufmann sagte, in der Unterhaltung fortfahrend: ich kann's mir nur nicht denken, daß wir nun, so mir nichts, dir nichts in den Krieg ziehen werden. Wir sind nicht vorbereitet, und Rußland und Oesterreich, die fix und fertig da stehen, die werden nicht erst auf uns warten.

Nicht fertig? meinte der Kriegsrath. Wer sagt Ihnen Das? Es ist Alles in Ordnung, Alles fertig, bis in die kleinsten Details der Pläne, nach denen die Truppen zusammengezogen werden sollen.

Ja, es ist ohne Frage, bekräftigte der Stallmeister, denn sehen Sie, ich darf es unter Freunden sagen, wir haben geheime Ordre, die Kriegspferde zuzureiten, und auch die Equipagen werden schon besorgt.

Wie oft sind schon Plane entworfen und Ordres gegeben, meine Herren! wendete Wegmann ein, die widerrufen worden sind! Ich werde erst dann an den Krieg glauben, wenn die erste Schlacht geschlagen sein wird.

Nun! rief der Kriegsrath, der sich durch den Zweifel in seine Aussagen beeinträchtigt zu fühlen schien, wenn Ihnen denn mein Wort nicht genügt, so glauben Sie vielleicht meinen Papieren. Ueberzeugt Sie das? — damit zog er seine Brieftasche hervor, und legte zwei Papiere auf den Tisch: den Plan der Truppenaufstellung und die Liste der Lieferungen, welche man ausgeschrieben hatte.

Während Wegmann und der Stallmeister sich die Zusammenziehung der Truppen auseinandersetzen ließen, nahm der Kaufmann die Lieferungsliste zur Hand, und sagte: Sagen Sie mir, mein verehrter Herr Kriegsrath! könnte man nicht auch Etwas von diesen Lieferungen erhalten? Die Zeiten sind schwer, und — fügte er hinzu, sich flüsternd zu dem Kriegsrath hinüber neigend — und man würde nicht undankbar sein.

Mein lieber Mann! entgegnete der Kriegsrath, sich mit einer Protektormiene in den Sessel zurücklehnend, das sagt ein Jeder; aber die Begriffe über Dankbarkeit sind verschieden. Zudem haben der Herr Minister und der Herr Geheimrath selbst diejenigen bestimmt, welche die Lieferungen übernehmen sollen. Sehen Sie, diese Herren haben Verpflichtungen gegen Personen, die ihnen dienstlich behilflich waren, gegen die man sich abfinden will. Da wird denn die Gelegenheit benutzt, und uns bleibt nur die Verfügung über kleine Posten, zu Gunsten irgend eines Freundes.

So ablehnend diese Antwort schien, ließ sich's der Kaufmann nicht anfechten. Wenn es mit den Lieferungen eben Nichts wäre, meinte er, so könnte man doch vielleicht an den Ruheplätzen noch einen kleinen Gewinn erzielen, wenn man diejenigen Bedürfnisse, Tabak und desgleichen, hinschickte, welche an kleinen Orten nicht in nöthiger Menge vorräthig zu sein pflegen. Für die bloße Mittheilung der Marschroute, der Rasttage würde ich dem verehrten Herrn Kriegsrathe schon äußerst dankbar sein.

Nun das ließe sich machen Bester! lächelte der Kriegsrath, so Etwas ließe sich machen. Besuchen Sie mich gelegentlich, und hier können Sie ja vorläufig sich den Plan einmal ansehen.

Darauf fing er an, dem Kaufmanne, der sich auf der Karte nicht zurecht zu finden wußte, die beabsichtigten Operationen mit allen Details auseinander zu setzen, wobei der umhergehende Fremde, der den Kriegsrath immerfort im Auge behalten hatte, näher zum Tische heran trat, und aufmerksam seinen Worten folgte.

Ungeduldig sprang der Prinz empor. Es ist um rasend zu werden: sagte er zu seinem Adjutanten. Das sind nun die königlichen Diener, das ist ihre Pflichttreue, ihre Amtsverschwiegenheit! Der elendeste Lakai in der Livree des erbärmlichsten Herrn dient treuer, als diese vornehm thuenden, aufgeblasenen Verräther. Wer nur der herumschleichende Fremde sein mag? Fragen Sie doch nach?

Der Adjutant wendete sich an den Besitzer des Büffets, und kam mit der Nachricht zurück, es sei ein Franzose, der deutsch spreche und das Theater oft besuche. Befehlen Hoheit, den Kriegsrath vielleicht zu warnen?

Kann denn auch nur Einer dieser Plane ausgeführt werden, die nur auf dem Papiere möglich sind? und ist der Kriegsrath der Einzige, der sie verräth? entgegnete bitter der Prinz. Sie hören ja von Wegmann, und wir wissen aus eigener Erfahrung, wie elend die Mehrzahl dieser Klasse ist, wie ihre schlechte Besoldung und ihre Habsucht sie Alle käuflich gemacht haben. Wie sie jetzt kleine Dienste für kleinen Gewinn verkaufen, werden sie das Land verkaufen, sobald der rechte Preis geboten wird. Oben im Saale klatscht dieses vornehme Gesindel dem Patriotismus eines Tell, eines Stauffacher Beifall, weint Thränen der Rührung, und verschachert in der nächsten Minute sein Vaterland! Es widert mich an, ich mag nicht mehr hineingehen. Lassen Sie den Wagen kommen!

Zehntes Kapitel.

— — —

Die Lage des Prinzen, welche dem Hofe gegenüber schon seit Jahren eine peinliche gewesen war, hatte sich, seit Parteiungen in der öffentlichen Meinung eingetreten waren, noch verschlimmert, und steigerte sich während der Anwesenheit des Kaisers Alexander fast bis zum Unaushaltbaren. Dem Kaiser stand die ganze Natur des Prinzen, in ihrer lebhaften Jugendkraft und Thatenlust, viel näher als das zögernde, verschlossene Wesen des Königs. Dazu kam, daß der Prinz sich von jeher für den Krieg und für eine Verbindung mit Rußland erklärt hatte, von der man noch immer nicht mit Gewißheit voraussehen konnte, ob der König sie jetzt schon, und in wie weit er sie eingehen werde.

Vom Könige mit Mißtrauen betrachtet, von des Grafen Haugwitz Spionen unablässig bewacht, hatte der Prinz dennoch nicht die Freiheit, sich von Berlin zu entfernen, und war gezwungen, allen jenen Festen beizuwohnen, welche die Anwesenheit des Kaisers und seiner militairischen Begleitung, sowohl am Hofe, als in den Zirkeln der Aristokratie veranlaßte.

Die Feste dieser letzten Kreise übertrafen an Ausdehnung Alles, was man jetzt der Art als üblich annimmt. Graf Stadion, der österreichische Gesandte, hatte die Sitte eingeführt, daß man sich

Abends acht Uhr zum Spiele versammelte, dem gegen Mitternacht das Souper folgte. Nach diesem begann der Tanz, der bis zum Morgen währte, worauf die ganze Gesellschaft, so lange die Jahreszeit es irgend zuließ, sich in bereit gehaltenen Wagen zu einem Frühstück auf das Land verfügte, und oft erst am Nachmittage in die Stadt zurückkehrte.

Ein solches Fest war von dem Grafen Haugwitz in der letzten Woche des Oktober, den russischen Offizieren zu Ehren, veranstaltet worden, und die Prinzessin Ferdinand hatte ihren Sohn selbst aufgefordert, sich nicht davon auszuschließen. Es war gegen eilf Uhr Mittags, als die Gesellschaft von dem Landgute des Grafen heimkehrte, und der Prinz, seinen Wagen am Thore verlassend, den Weg nach seiner Wohnung zu Fuß zu machen beschloß.

An den beiden vorhergehenden Tagen war die Wachtparade nicht abgehalten worden, weil man einigen ausrückenden Bataillonen das Geleit gegeben hatte. Jetzt war die Stunde derselben bereits vorüber, dennoch sah der Prinz schon von fern, daß sie noch nicht aufgelöst sei. Einige der Gardeoffiziere, welche an dem Haugwitz'schen Feste Theil genommen, und des Dienstes wegen früher heimgekehrt waren, standen mit bleichen, übernächtigen Gesichtern noch beisammen auf dem Platze. Sie besprachen mit der müden Gleichgültigkeit der Uebersättigung die Anordnung des Festes und die Schönheit der Frauen, als der Prinz mit der Frage an sie heran trat, weshalb man noch nicht auseinander gegangen sei?

Ein Füsilier läuft Spießruthen, Hoheit! berichtete der Gefragte mit vollkommener Theilnahmlosigkeit.

Es war ein schlanker, schöner Jüngling, an dem die Exekution vollzogen wurde. Hundert Mann von der Wachtparade hatte man in zwei Reihen aufmarschiren lassen, und jeden derselben mit einer starken Weidenruthe bewaffnet. Zwischen diesen ging mit entblößtem Oberkörper der Sträfling; vor ihm ein Unteroffizier mit umgekehrtem Kreuzgewehr, die Spitze gegen ihn gewendet, ein anderer

Unteroffizier ihm nach); und hinter den beiden Reihen zum Schlagen kommandirter Soldaten, befanden sich zwei Regimentsadjutanten, um Jeden sogleich zu strafen, der nicht tüchtig auf den Delin= quenten loshieb.

Kein Laut regte sich, nur die Weidenruthen pfiffen durch die Luft. Um bei solchen Exekutionen das Schreien der Gepeitschten unhörbar zu machen, steckte man ihnen eine große Bleikugel in den Mund, welche zugleich verhinderte, daß sie sich, im Schmerz die Zähne zusammenbeißend, nicht die Zunge beschädigten und für den weitern Dienst unbrauchbar wurden.

Das Blut rieselte bereits über den Rücken des Jünglings hernieder, dessen Gesicht die furchtbarsten Schmerzen verrieth. Als der Prinz hinblickte, war der empörende Akt vorüber, man nahm dem Gestraften die Bleikugel aus dem Munde, mit einem Schmer= zenslaut brach er ohnmächtig zusammen, und ein Paar Kameraden sprangen hinzu, ihm mitleidend Hilfe angedeihen zu lassen, als Buße für die Grausamkeit, zu der man sie gezwungen hatte.

Unter dem schmerzlichen Eindrucke dieser letzten Scene, langte der Prinz ermüdet in seiner Wohnung an. Auf der Vorflur fand er den alten Wegmann, der sich todtenbleich und entstellt zu seinen Füßen warf. Retten Sie, retten Sie! allergnädigster Prinz! Das waren die einzigen Worte, welche er hervorzubringen im Stande war.

Eine schwere Ahnung zuckte durch des Prinzen Herz. Er hob den Alten auf, führte ihn in das nächste Zimmer und fragte, was geschehen sei.

Mein Sohn! mein Fritz! — Er wird mir fluchen, er wird der Mutter fluchen! — Wir, unser Hochmuth, unsere Verblendung tragen die Schuld! Retten Sie um Gottes Willen.

Aber was ist geschehen? fragte der Prinz nochmals dringender; ich muß wissen, was geschehen ist, um helfen zu können!

Das Mädchen kam nach Berlin, hub der Alte an, voraus=

setzend, ein Jeder müsse diese Verhältnisse kennen. Das Mädchen
kam nach Berlin, weil sie einen alten Mann nicht nehmen wollte.
Sie sahen sich, so oft er Urlaub hatte, der Karl wußte darum, er
war der einzige Gerechte unter uns. Jetzt soll sie Mutter werden,
Fritz wollte fort mit ihr, er war selbst krank und konnte es nicht
ertragen, sie in dem Zustande allein zu wissen. Karl hatte des
Bruders Freiheit noch nicht erlangt, aber er hoffte sie zu erlangen,
und gab dem armen Weibe Geld zu leben bis dahin. Das Geld
haben die Unglückseligen zur Flucht benutzt. Er ist eingeholt und
soll — Thränen stürzten aus des Greises Augen, seine Zunge
versagte den Dienst, das Furchtbare auszusprechen, bis er endlich,
sich händeringend dem Prinzen nochmals zu Füßen werfend, mit
erstickter Stimme die Worte hervorstieß: Mein Sohn, mein leib-
licher Sohn! Er muß Spießruthen laufen, wenn Sie nicht Hilfe
schaffen.

Der Ruf es ist zu spät! schwebte auf den Lippen des Prinzen, aber er wollte dem Vater die schmerzliche Botschaft vorenthalten, bis er wenigstens die Kunde hinzufügen konnte, daß der
Sohn noch lebe.

Wo ist Ihr älterer Sohn? fragte er.

Er ist zu Mademoiselle Levin gefahren, um vielleicht Hoheit
dort zu treffen. Auch das Mädchen war bei ihr, ihre Bekannten
hatten sie dorthin gewiesen, um Fürbitte und Protektion zu er-
flehen.

Und ist Ihre Frau zu Hause? forschte der Prinz weiter, um
den Greis in die Nähe befreundeter Personen zu bringen.

Sie wollte mit der Schwiegertochter in ihrer Todesangst
zum Obristen, um dort für ihn zu bitten.

So erwarten Sie mich hier, ich werde selbst nachsehen und
Ihnen Kunde bringen.

Der Prinz befahl anzuspannen, und wollte da es geschehen war,
den Wagen besteigen, als Karl Wegmann mit jener Ruhe in das

Zimmer trat, welche die Gewißheit eines unabänderlichen Un-
glücks über starke Charaktere bringt.

Nun? Nun? rief der Alte. Kommt er frei? erläßt man ihm
die Strafe?

Sie ist vollzogen, Vater! antwortete Karl tonlos.

Gott des Himmels! Du strafst mich hart! — und wo ist er?
lebt er? hat er's überstanden? fragte der Vater nach einer Pause.

Da fiel der Sohn dem Vater um den Hals, und mit einem
Strome heißer Thränen, in denen seine Mannesstärke unterging,
sagte er: Fritz hat's überstanden, er hat ausgelitten.

Der Prinz schlug schmerzhaft beide Hände vor das Gesicht
und verließ das Gemach.

Der Tag entschwand ihm in dem furchtbaren Nachklang dieser
Erlebnisse. Gegen den Abend hin ging er zu Rahel. Sie wußte
bereits um Alles.

Wie starb er denn? fragte der Prinz.

Er muß sich, sobald er verbunden worden war, von seinem
Lager erhoben haben, einen Dolch hervorzuziehen, den er seit
Wochen in seinem Strohsack verbarg, mit diesem hat er sich das
Herz durchbohrt.

Der Prinz schauderte, und Rahel fuhr fort: Ich bin jetzt ganz
ruhig, weil ich all meine Schmerzeskraft erschöpft habe in dem
Leiden mit dem unglückseligen Mädchen, das den ganzen Morgen
bei mir zugebracht hat. Sehen Sie, Prinz! da bluten tausend
Wunden auf einmal hervor. Wissen Sie, warum die Arme das
Vaterhaus floh? Weil man sie nach Rußland einem alten, fremden
Manne verkuppeln wollte. Und wissen Sie, was die Juden
zwingt, ihre so heißgeliebten Kinder weit von sich in der Fremde
an Fremde zu verheirathen? Die wahnsinnigen Gesetze Ihres
Landes, welche, uns auszutilgen von der Erde wie giftiges Gewürm,
es nur zwei Kindern jeder jüdischen Familie gestatten, sich in der
Vaterstadt zu verheirathen und anzusiedeln. Ich selber Prinz!

Ihre Freundin, Rahel Levin, ich bin auch heimathlos in der Heimath. Ich habe mein Heiraths=Privilegium dem Bruder ab= getreten — und es ist gut, daß es so ist, daß ich einsam, kinder= los sterben werde. Ich hätte nicht den Muth, den Fluch, den Ihr auf uns geworfen habt, fortzupflanzen auf ein Kind, das ich unter meinem Herzen getragen, an meiner Brust genährt hätte O! die Unmenschlichkeit unserer Zustände ist himmelschreiend, und ich glaube nicht mehr an Gott, wenn er sie noch lange duldet.

Elftes Kapitel.

———

Den Tagen der Hoffnung, welche die Ankunft des Kaisers erzeugt, schien auch eine Erfüllung folgen zu sollen. Preußen schloß sich so weit an Rußland und Oesterreich an, daß es Napoleon Vorschläge zur Ordnung der europäischen Verhältnisse vorlegte, welche Graf Haugwitz mit der Erklärung nach Paris zu überbringen gesendet ward, daß Preußen in der Mitte des Dezember den Krieg beginnen werde, wenn Napoleon jene Vorschläge nicht annehmen sollte.

Die Vorbereitungen zum Kriege wurden dabei in Berlin immer ernstlicher betrieben, und die Truppen, besonders die Garderegimenter, fanden ihrer Freude kein Ziel, daß sie endlich in die Lage gesetzt werden würden, die Lorbeeren zu pflücken, welche das lange Zögern der Regierung ihnen bisher vorenthalten hatte. Indeß ihre Zurüstungen für den Kampf waren nicht so kriegerisch, als ihre Worte. Man ließ bequeme Zelteinrichtungen, Feldbetten, Feldequipagen machen, und jene Franzosen von Roßbach, welche mit ihren Schmink= und Pomadebüchsen noch immer der Gegenstand des preußischen Spottes waren, konnten schwerlich üppiger und verweichlichter gewesen sein, als man die preußischen Offiziere nach ihren Bequemlichkeitsvorrichtungen glauben durfte.

Endlich zu Anfang des Dezembermonats rückten einige Regimenter, von Berlin aus nach Sachsen und Thüringen vor, unter denen sich auch das Regiment des Prinzen befand. Aber schon wenig Tage darauf verbreitete sich die Nachricht von der am Krönungstage Napoleons bei Austerlitz erfolgten furchtbaren Niederlage der Oesterreicher und Russen in Berlin, und gleich darauf kehrte Graf Haugwitz mit neuen Friedensvorschlägen aus Paris zurück, welche man, da Oesterreich und Rußland sich von dem Kampfplatze zurückzuziehen gezwungen waren, nothwendig annehmen mußte.

Von seiner Siegeshoffnung, von der Kampfeslust sank das preußische Militair zur tiefsten Muthlosigkeit herab, denn Jeder gestand sich, daß der Augenblick des Einschreitens vorüber sei, und daß man jetzt Alles zu dulden genöthigt sein werde, weil man die Zeit zum Handeln versäumt habe. Die Aristokratie, welche ihre dem Soldatenstande angehörigen Söhne überall, wo sich die thatenlos heimkehrenden zeigten, verspottet sah, war nun plötzlich gegen den Frieden und gegen den König empört. Die Bürger, mit Recht die Summen in Betracht ziehend, welche das Militairwesen seit den Zeiten des großen Königs verschlungen hatte, warfen dem König und dem Heere vor, wie unnütz das Letztere sei, wenn es nicht einmal die Abtretung der treu preußisch gesinnten Lande Anspach und Bayreuth zu hindern vermocht habe. Kurz, die Unentschlossenheit, das Zaudern und die Halbheit, mit welcher der König den Interessen jeder Partei seines Landes und den eigenen Neigungen zu genügen gemeint hatte, um allgeliebt zu werden, hatten es dahin gebracht, ihm den Tadel aller Parteien, und seiner Regierung das Mißtrauen des ganzen Landes zuzuziehen.

Aber der Volksunwille, so mächtig er war, stand trotz dem noch immer unter dem Banne der fesselnden Gewohnheit. So lebhaft war die Begeisterung für den großen Friedrich gewesen, so tief gewurzelt die Anhänglichkeit für seine Dynastie, daß man den

König weniger hart anklagte, als seinen Minister, den Grafen Haugwitz, in welchem das Volk den Anstifter der schmachvollen Abtretung preußischer Erblande an Frankreich, den Urheber seiner demüthigenden Stellung überhaupt verdammte.

Unter diesen Umständen kehrte auch Prinz Louis mit seinen Truppen nach wenig Wochen ohne Schwertschlag heim. Es war in den letzten Tagen des Jahres, als er früh Morgens in seiner Wohnung anlangte. Erst spät am Abende entschloß er sich auszufahren, um sich in das Palais seiner Eltern zu verfügen. Eine unruhige Volksbewegung machte sich in den Straßen bemerkbar. Einzelne Gruppen von Männern standen beisammen, lebhaft sprechend und gestikulirend. Je näher man dem Palaste des Grafen Haugwitz kam, um so unruhiger wurde es auf dem Wege, bis endlich vor demselben der Wagen des Prinzen in ein so dichtes Gedränge gerieth, daß man kaum noch im Schritte zu fahren vermochte.

Wohlgekleidete Männer der höhern Stände, Offiziere aller Regimenter, darunter eine große Anzahl Garde du Corps hatten sich, in Mäntel gehüllt, hier versammelt, umringt von jener Volksmasse, welche sich in großen Städten bei jedem auffallenden Ereignisse lawinenartig zusammen ballt. Jeder, auch der Kenntnißloseste begriff, um was es hier sich handelte: um den Verrath an der Volksehre, um den Verrath einer Nation durch die Regierung.

Wie lange wird das Geld reichen, rief ein großer, starker Mann, das der Herr Graf für den Verkauf von Anspach und Bayreuth erhalten hat? Was kostet solch liederliche Wirthschaft! Ist's zu Ende, so wird wieder geschachert werden, und der Graf verkauft uns so sicher, als er die treuen Anspacher verkauft hat.

Verkaufen? uns? das soll er probiren! dawider haben wir Fäuste! schrie ein Anderer. Schlagt den Hund todt, ehe er wieder Preußen verschachern kann.

Was kriegt er für die Seele? scholl es von einer dritten Seite, und zugleich flogen mit dem Rufe: man muß anklopfen, damit man Antwort bekommt, zahllose Steine in die Fensterscheiben

Pereat dem Seelenverkäufer! Nieder mit dem Schacherer! dem Verräther! donnerte es von allen Ecken, und Koth- und Steinwürfe regneten gegen das Haus.

Vergebens versuchten Polizeibeamte und Gensd'armes Ordnung zu schaffen. Zum erstenmale seit vielen Monaten wurde das Militair von den Civilpersonen gut angesehen; Offiziere und Bürger machten zum erstenmale wieder gemeinschaftliche Sache, aber nicht für, sondern gegen die Regierung. Dahin hatte man es in dem monarchisch gesinnten Lande durch Mißkennen der Zeit und der Umstände gebracht.

Plötzlich wendete sich die Aufmerksamkeit eines Mannes der zum Stillstehen gezwungenen Equipage zu. Man erkannte die königliche Livree, ein Offizier der Garde du Corps erkannte den Prinzen. Im gleichen Augenblick war er an der Thüre des Wagens. Der Ruf: Prinz Louis! Vivat Prinz Louis! erscholl. Man drängte sich heran: Lassen Sie es nicht geschehen! Fordern Sie Rettung unserer Ehre! Gnädigster Herr! verlassen Sie das Land nicht! Halten Sie zu uns Prinz! riefen verschiedene Stimmen durcheinander.

Mit Mühe gelang es dem Prinzen, dem Andrange zu wehren. Er erinnerte, den Wagen verlassend, die nächststehenden Offiziere an ihren Eid, ermahnte sie, sich nicht vom Augenblicke hinreißen zu lassen, und suchte so schnell als möglich dieser Scene zu entfliehen. Zu Fuß langte er in dem Palaste seiner Eltern an, entschlossen, seiner Mutter, welche leidend war, die Vorgänge auf der Straße wo möglich zu verschweigen.

Prinz Ferdinand hatte sich, wie immer, früh zur Ruhe begeben; die Prinzessin wartete ihres Sohnes. Auf einem Armstuhl ruhend, der neben dem Kamine stand, hatte sie das Haupt in die Kissen zurückgelehnt, und betrachtete in träumerischem Sinnen die aufspringenden und wieder erlöschenden Funkengarben des Feuers. Sie hatte sichtlich gealtert in den letzten Monaten; ihre stolze Haltung schien gebrochen, körperliches oder geistiges Leid war über ihre Züge Herr geworden. Sie sehen angegriffen aus, meine Mutter! sagte der Prinz, ich erfuhr am Morgen, daß Sie leidend wären. Wie fühlen Sie sich jetzt?

Du wußtest mich krank und warst Tagüber in Berlin, ohne mich zu besuchen! entgegnete sie vorwurfsvoll. Willst Du mich im Voraus daran gewöhnen, die Achtung zu entbehren, welche man mir schuldet?

Mutter! wenn Sie von solchen Ahnungen erfüllt sind, wie ich — wenn Sie denken, empfinden, wie ich, rief der Prinz, all' seine Vorsätze die Mutter zu schonen vergessend, dann werden Sie es begreifen, daß ich an dem Tage nicht durch die Straßen gehen mochte, an dem ich ruhmlos, ohne Schwertschlag, als ein Besieg-ter heimkehrte. Sie müssen fühlen, was es heißt, als Mann vor Männern, als Fürst vor seinem Volke zu erröthen.

Die Prinzessin neigte schmerzlich beistimmend das Haupt. Und der Augenblick war so glückversprechend, die Stimmung des Vol-kes noch so günstig vor wenig Wochen! klagte sie.

Nein Mutter! nein! das war sie nicht! Die Tage, in denen ich auf Glück, auf die Treue des Volkes zu zählen, und durch sie den Sieg zu erkämpfen hoffte, sind bei mir vorüber.

Die Prinzessin schwieg eine Weile, dann sagte sie: Sonder-bar! wir stehen uns in Lebensfülle gegenüber, und doch klingt es, wie der Abschiedston von Sterbenden zwischen uns. In schwüler Luft erlöscht der Klang der Glocken. Es ist der Druck der Ty-rannei, der unsern Athem einengt, unser Auge trübt. Ich fühle ihn wie Du.

Der Prinz neigte sich, die Hand seiner Mutter zu küssen. Es zerriß ihm das Herz, die stolze Frau so tief gebeugt zu sehen. Noch war der Palast von den Schaaren dienstbeflissener Höflinge erfüllt, noch prangte Alles in der hergebrachten Ordnung, und doch

lagen schon unheilverkündende düstere Schatten für das Auge der
Besitzer über dies Alles hingebreitet. Das Gefühl der festbegründe-
ten, der durch den Volksglauben gesicherten Existenz, hatte sie verlassen.

Du wirst Berlin verändert finden, hub die Prinzessin wieder
an; ich kenne es selbst kaum wieder. Wo ist die Freude hin, die
uns sonst willkommen hieß, wenn wir erschienen? wo der sympa-
thische Jubelruf, der den König und die Königin im Theater be-
grüßte? Ueberall Schweigen und Kälte, überall eine Entfrem-
dung zwischen dem Volke und uns, und — — sie hielt inne, als
wolle sie dem Gedanken nicht Worte geben.

Der Prinz that es statt ihrer. Und die Schuld ist unser!
ergänzte er. Ja Mutter! das Bewußtsein ist es, das auf uns
lastet. Was mir ein Bürger Berlins einst sagte, was ich damals
stolz zurückwies, ich habe es einsehen lernen zu meiner Verzweiflung: wir haben nicht auf das Volk zu rechnen, denn wir haben kein
freies Volk, das sich frei mit seinem Herrscher verbündet zu gegen-
seitigem Schutz und Trutz; wir haben Unterthanen, treue Unterthanen, ich will es zugeben. Aber wir haben die Gebildeten des
Volkes verlassen, die ihre Nationalehre zu verfechten begehrten,
wir haben den Geist der Zeit verhöhnt, uns festbannend an ver-
altete Gesetze; dafür wird die Zeit uns stürzen in ihrem stürmi-
schen Fluge, uns begraben unter dem Schutte unserer verjährten
Institutionen, unserer barbarischen, unmenschlichen Vorurtheile.

Und nur ein Weib sein! zusehen, schweigen, überleben müssen!
sagte die Fürstin leise in achtlosem Selbstgespräche.

Der Prinz aber hatte es dennoch gehört, und ihrer Gedankenreihe folgend, entgegnete er: „Als wir dem Kaiser Alexander das
Geleit gebend in Potsdam bei der Abendtafel saßen, und man
siegesfreudig in die Zukunft blickte, verlangte er plötzlich die Vergangenheit herauf zu beschwören und die Gruft des größten Herr-
schers zu besuchen. Seine Wagen standen gepackt, Mitternacht
war nahe, als wir ihn vom Schlosse zu der Kirche geleiteten. Die

Nacht war sternenlos, die Kirche froftig kalt. Als wir eintraten,
schlug es zwölf Uhr. Das Glockenspiel klingelte seine schwer-
müthige Melodie durch die Stille.

Zu Dreien stiegen sie hinab, der Kaiser, der König und die
Königin, einen Bundeseid zu schwören über des großen Friedrichs
heiliger Asche. Mir schauerte banges Todesahnen durch Mark
und Bein, als ich die Lichtgestalt der Königin, vom Fackelschein
der Vorleuchtenden hell bestrahlt, in jener Todtengruft verschwinden sah. Es war mir, als versänke mit ihr der Genius Preußens
in Nacht, als müsse ich nachstürzen, sie zurückzuhalten, mich selbst
darbringen als ein Sühnopfer. Aber klarer als jemals fühlte ich
in dem Augenblicke, was ich Ihnen einst gesagt, als das Unglück,
das uns jetzt bedroht, sich fern an unserem Horizonte zeigte: den
Untergang Preußens würde ich nicht überleben.

Die Prinzessin erschrak, sie bereute das Wort, welches sie gesprochen. Kleinmuth? Verzagen in dem Enkel jenes Helden?
fragte sie, einlenkend. Wo wäre Preußens Größe, hätte Er sich
gebeugt unter der Last des Mißgeschickes? hätte Er aufgehört zu
kämpfen und zu hoffen?

Dem Mißgeschicke trotzen, ausharren im Vertrauen auf eigene
Kraft, das ist Tugend! ich weiß es, theure Mutter. Schmach
dulden, welche fremder Wille auf uns wälzt, ein entehrtes Dasein
tragen, wäre Feigheit, entgegnete er, als laute Volksbewegung auf der
Straße Mutter und Sohn emporschreckten und an das Fenster riefen.

Dieselben Männer, welche vorhin den Palast des Grafen
Haugwitz bedroht hatten, zogen zu der Wohnung des Grafen
Hardenberg, ihm ein Vivat zu bringen, da er, der Verwaltung
der Markgrafenthümer durch die Besitznahme der Franzosen entho-
ben, nach Berlin zurückgekehrt war.

Und kein Lebehoch dem Könige! Sind wir denn nicht mehr
in Preußen, in Berlin! sagte die Fürstin, indem sie bleich und
kummervoll das Fenster am Arme ihres Sohnes wieder verließ.

Zwölftes Kapitel.

Die Demonstrationen für den Grafen Hardenberg und gegen Haugwitz, deren zufälliger Zeuge der Prinz geworden, waren von den ihm feindlich Gesinnten benutzt worden, neue Verdächtigungen gegen ihn heraufzubeschwören, indem man ihn als Theilnehmer, ja als Anstifter derselben nannte. Unter solchen Verhältnissen mußte in dem Prinzen der Wunsch, Berlin auf's Neue verlassen zu können, natürlich entstehen. Er wünschte sich wieder einmal nach Schricke zurückzuziehen, um dort bis zu einer möglichen Aenderung der Dinge zu verweilen, aber man weigerte ihm die Erlaubniß dazu, ohne die Gründe dieser Weigerung anzugeben.

So begann das Jahr achtzehnhundertsechs noch trüber, als das vorige geendet hatte. Jeder Lebensmuth, jede Hoffnung einer besseren Zukunft schien die Umgangsfreunde des Prinzen verlassen zu haben, weil die Wetterwolken der nächsten Gegenwart den Blick in die Ferne verdüsterten. Daß Preußen trotz seiner Nachgiebigkeit zum Kampfe gezwungen werden würde, nahm man im Volke eben so zuverlässig an, als man hier und da besorgte, daß dieser Kampf unglücklich enden müsse, weil Preußen jetzt fast allein sich der Macht Napoleons entgegen zu stellen hatte, der die großen vereinten Kräfte von Oesterreich und Rußland nicht zu trotzen vermocht.

Henriette, ganz gebrochen durch die Furcht vor diesem Kriege, durch den Gedanken an die Gefahren, denen der Prinz entgegen ging, hatte nur stille Thränen und Klagen, so oft sie ihn sah. Rahels feste, männliche Ergebung in das Unvermeidliche, so erhebend sie war, wirkte dennoch niederbeugend auf den Prinzen, weil sie den Glauben an ein glückliches Ende entschieden auszuschließen schien. Pauline allein war schöner und heiterer als je, voll Lebensmuth und Hoffnung.

Unbekümmert durch die schweren Schicksale des Vaterlandes, achtlos gegen die Gestaltung der Zustände um sie her, schien sie einer Welt anzugehören, die mit dem Erdentreiben Nichts gemeinsam hatte. Ihr Frohsinn, ihre Liebesfreudigkeit legten sich wie ein goldener Vorhang zwischen den Schmerz und ihr Auge. Von der Zukunft, von dem bevorstehenden Kriege sah sie Nichts, als den heimkehrenden, sieggekrönten Geliebten, der von dem Danke seines Volkes hochgepriesen ihr seine Lorbeeren zu Füßen legte, um in ihrer Freude, ihrer Liebe seinen höchsten Lohn zu finden.

Wenn Rahel diese Sinnesart unfaßbar für sich fand, Henriette sie Herzenskälte nannte, und der Prinz sich selbst gestehen mußte, daß Pauline jeder ernsten Lebensauffassung vollkommen unfähig sei, so war und blieb sie ihm trotzdem ein Ausnahmswesen, der Gegenstand seiner nie verminderten Liebe, und grade jetzt seine Zuflucht und sein Trost.

Daß Pauline sich schmücken, ihm und Anderen gefallen wollte, daß sie Vergnügungen suchte und zu genießen fähig war in einem Augenblicke allgemeiner Entmuthigung, erfreute den Prinzen. Mochten die Wetterwolken sich immer drohender über dem Lande zusammenziehen, in Paulinens lachendem Antlitz fand er den Sonnenschein des Glückes, mochte die tiefste Niedergeschlagenheit sich der Gemüther bemächtigen, Pauline blieb heiter wie zuvor; und nur der Wunsch, das trübselige Berlin und die trübseligen Unglückspropheten zu verlassen, regte sich in ihr.

Laß uns nach Schricke gehen, bat sie den Prinzen oft, wo
Niemand uns von den Dingen erzählt, die Dich verstimmen.
Dort bin ich Deine Welt, dort hast Du keinen Herrscher als mich,
und kein Laut soll an Dein Ohr dringen, als die Worte meiner
Liebe und die Erzählung meines Glückes. Wozu sich plagen, wo
man Nichts zu ändern vermag? Wozu leiden, wenn man
die höchste Seligkeit genießen kann? Es ist Undank, schnöder
Undank gegen die wunderschöne Welt, die sich für uns, für unser
Glück bald auf's Neue in die Pracht des Frühlings kleiden wird.

Endlich beim Beginn des Sommers ward es dem Prinzen
möglich, Berlin zu verlassen und mit Pauline nach Schricke zu
gehen. Es waren Jahre vergangen, seit er dies Gut zuletzt be=
suchte. Er malte es sich aus, wie die Arbeiten, welche er dort
einst für die Verschönerung und Verbesserung seines Besitzes hatte
beginnen lassen, nun ausgeführt und vollendet sein würden. Er
gedachte mit Lust manch friedlicher, in sich begnügter Tage, die er
in jenem Schaffen für die Zukunft dort verlebt; er erwartete
Freude und Beruhigung dort zu finden, weil er sich ihrer mehr
als je bedürftig fühlte.

Aber kaum in Schricke angelangt, fand er statt der ersehnten
Freude, nur Sorge und Noth. Von all' den Anordnungen, welche
er einst im Glauben an eine ruhige Zukunft gemacht, war wenig
vollzogen worden, von den Saaten, die er gestreut, kein Segen
erwachsen. Die Durchmärsche der Heeresabtheilungen hatten die
Fortsetzung des Begonnenen, die Ausführung des Beabsichtigten
gehindert. Die Felder waren nachlässig bestellt, die Heerden nicht
mehr vollzählig. Man scheute sich, Ersatz für dasjenige zu schaffen,
was den Truppen geopfert worden, aus Furcht, es bald auf's
Neue hergeben zu müssen. Die Gebäude waren beschädigt, die
Glashütte und die Ziegelei in Verfall, die dabei angestellt gewe=
senen Arbeiter ohne Erwerb. Die bloßen Vorboten des Krieges
hatten hingereicht, die heitere Schönheit dieses Besitzes zu zerstören.

Der Amtsrath und seine Frau empfingen den Prinzen, der statt ihrer Nichte, Pauline mit sich brachte, ohne Freude mit kalter Unterwürfigkeit. Schon in den ersten Tagen wurden ihm große Rechnungen für Reparaturen und Neubauten vorgelegt, welche durch die Verwüstungen der Soldaten unerläßlich geworden waren. Von Schricke aus hatte Louis Ferdinand gehofft, seine Vermögens= verhältnisse zu ordnen, seinen Kindern eine Zukunft in diesem Besitze zu gründen, und jetzt fand er ihn in einem Zustande, der nur neue Verlegenheit, aber keine Hilfe herbeiführen konnte.

Daß solche Dinge den Prinzen zu verstimmen, ihm Sorge zu machen im Stande waren, schien Pauline unbegreiflich.

Was ist denn an solch' todtem Hab und Gut gelegen, rief sie, wenn man mit dem liebsten Wesen zusammen sein kann! Hast Du kein Geld, so muß der König Dir welches geben, denn Du bist ein Prinz, und mußt leben können wie ein Prinz, und mich behältst Du immer. Wozu also die Sorgen.

Sie freute sich des Sommers, der Gärten, der Möglichkeit in einem Schlosse zu befehlen, der Selbstständigkeit, mit welcher sie dem Prinzen trotz Wiesels Einwendungen gefolgt war, und vor Allem des Alleinseins mit dem Geliebten. Stark und aus= dauernd begleitete sie ihn von früh bis spät, bald gehend, bald reitend, auf seinen Wanderungen durch Flur und Wald, überall Schönheit und Anlaß zur Freude entdeckend.

So hatten sie einst einen weiten Weg durch die Felder ge= macht, als es gegen den Abend hin dem Prinzen einfiel den alten Klaus zu besuchen. Der Tag war regnicht gewesen, noch hingen graue, schwere Wolken am Himmel, und die Wiesen dampften in der dämmrigen Schwüle ihre feuchten Nebel empor.

Das Häuschen des Alten hatte viel von seinem schmucken An= sehen verloren, die Tünche der Wände war abgefallen, die Fenster= scheiben trübe und sonnenverbrannt, das Strohdach neuer Bele= gung bedürftig. Vor der Thüre saß auf hölzernem Lehnstuhl der

Alte, nur noch ein Schatten des einst so rüstigen Greises. Er war hinfällig und blind geworden.

Wer kommt da? fragte er bei dem Nahen der Schritte.

Ich bin es, Klaus! Prinz Louis! ich komme sehen, wie es hier steht und wo man helfen muß.

Ach Sie! gnädiger Herr! und Mamsell Jettchen auch?

Nein Klaus! Henriette ist mit den Kindern in Berlin, dies hier ist eine Dame aus der Nachbarschaft, antwortete der Prinz, mit einer Art von scheuer Befangenheit sich des Augenblickes erinnernd, in welchem dieser alte Schäfer den Bund seiner Liebe mit Henriette als einen heiligen gesegnet hatte.

Dem Alten schien eine Reihe von Gedanken plötzlich durch den Kopf zu gehen, und wie sich besinnend, fragte er: Gnäd'ger Herr! wo ist denn die Amtmannin von Bernau geblieben, die damals fortgebracht worden ist?

Sie ist todt, sagte der Prinz tonlos.

Todt? wiederholte der Alte, solch junge, starke Frau? —

Ihn abzubringen von Erörterungen, welche schon wegen Paulinens Gegenwart dem Prinzen drückend waren, erkundigte sich dieser, ob es dem Schäfer an nichts gebreche?

Gnädiger Herr! entgegnete der, am Augenlicht gebricht's mir und am Jungsein; da kann denn alles Andere doch nicht helfen. Meinen Wasser, der alt und schwach geworden war, wie ich, hat ein Husarenpferd todtgetreten; den Dompfaff hat ein Weibsbild, eine Marketenderin mitgenommen, und Alles, was sie sonst brauchen konnte, auch. Nur mich haben sie sitzen gelassen, denn mich konnten sie nicht brauchen.

So hat Er Noth gelitten seitdem, Klaus.

Das just nicht. Sie lassen es mir an Nichts fehlen, schicken mir vom Schlosse Essen und Trinken um die rechte Zeit. Aber es ist doch Alles nicht mein eigen, und ich kann mir nicht mehr selbst helfen, wie ein Mensch, sondern muß mich versorgen lassen, wie das liebe Vieh.

Er soll Alles wieder haben, Klaus! rief der Prinz, ich will Ihm ersetzen, was man Ihm genommen hat.

Auch den Wasser? auch den Dompfaff? und Augen und Kräfte? entgegnete der Alte kopfschüttelnd. Gnädiger Herr! lassen Sie es nur bewenden! Es muß eben sein! Wenn das Korn zum Schneiden reif ist, kann kein Mensch es mehr zum Grünen bringen. Es ist nur schlimm, wenn's zu lange stehen bleibt, so daß es verkommt. Ich klage nicht mehr um meine Jungen, die jung gestorben sind. Es ist ein schlimm Ding um's Verkommen, und ist kein Rath dagegen, bis der da oben ruft.

Die Ruhe des Alten erschütterte die beiden Hörer und der Prinz fragte nochmals, ob er denn gar Nichts thun könne, was ihm erfreulich oder nützlich wäre.

Nein! gar Nichts! gnäd'ger Herr. Ich wünsche mir Nichts, habe Keinem ein Leid gethan mit Wissen, und bin keinem Menschen Etwas schuldig auf der Welt. Nun wart' ich ab, was Gott schickt. Aber können Sie machen, daß der Bonaparte nicht in's Land kommt, daß der Feind uns nicht Haus und Hof verwüstet und unsere Saaten nicht zertritt, so thun Sie's, denn der Feind im Lande ist eine große Plage.

Jedes dieser Worte traf den Prinzen schwer. Als er fortgehen wollte, reichte er dem Greise die Hand, der sie herzhaft schüttelte.

Das ist Abschied! sagte der Alte. Ich bin alt, und Sie werden in den Krieg gehen. Der Krieg ist aber ein heißer Sommer! da reifen die Aehren, die am Höchsten aufgeschossen sind am ehesten, und fallen ab im Sonnenbrand. S'ist aber doch besser, als so langsam verwelken.

Nun, Klaus, verzage Er nicht! wir kommen noch zusammen, tröstete der Prinz.

Hier oder dort, gnädiger Herr! ergänzte Klaus, und fügte dann, als der Prinz sich schon zum Fortgehen abgewendet hatte, die Bitte hinzu, ihm den Johann, den Reitknecht, zu schicken, da= mit er ihm von Mamsell Jettchen und den Kindern erzählen könne.

Ernst und schweigend legte der Prinz den Heimweg zurück, selbst Pauline fand ihre gewohnte Leichtigkeit nicht wieder. Im Gartensaal des Schlosses angelangt, lehnte sie sich schweigend an seine Brust, das Haupt an ihn geschmiegt, in ernsten Gedanken. Der Prinz hielt sie still umfangen. Nach einer Weile hob sie das schöne Haupt empor, blickte ihn zärtlich an und fragte: Nicht wahr Louis! Du wirst glücklich sein?

Niemals Pauline!

Aber wenn wir siegen, wenn Du den Sieg erkämpfst?

So möchte ich einen Augenblick die volle Siegesfreude ge= nießen und dann sterben.

Und das sagst Du mir? rief Pauline im Tone des tiefsten, schmerzlichsten Vorwurfs, mir? und jetzt? Wie klagen diese Worte mich an! Wäre ich das Weib gewesen, das Dein Herz ersehnte, ich hätte Dir das Leben werth gemacht, Du hättest es wieder lie= ben lernen durch mich. Aber Du bedurftest eines Engels, und fandest in mir ein gesunkenes Weib.

Der Prinz betrachtete sie mit schmerzvoller Zärtlichkeit. Und wärst Du ein Engel gewesen, wärst Du das Ideal gewesen, das ich in Dir geliebt, sagte er, es war zu spät!

Er versank einen Augenblick in tiefes Hinbrüten. Dann sich langsam emporrichtend, fuhr er fort: Pauline! höre mich an, aber antworte mir nicht. So wie ich hier vor Dir stehe, in Kraft und Fülle der Jugend, bin ich doch nur einer glänzenden Frucht zu vergleichen, in deren Inneren der Wurm der Zerstörung nistet. Kannst Du mir eine verschwendete Jugend wiedergeben? verschwen= det in wilder Wüstheit, halb aus Lust, halb aus Verzweiflung? Kannst Du Henriettens Leiden aus meinem Leben tilgen, und Mathildens unglücklichen Schatten verscheuchen? Kannst Du mir den Glauben wiedergeben, den ich verloren an Allem, was mir groß und heilig erschien? Den Glauben an mich selbst? Den Glauben an irgend Etwas auf Erden? Denn auch Dich, fuhr er mit leidenschaftlicher, bewegter Stimme fort, auch Dich liebe ich, aber ich glaube nicht an Dich!

Louis! wehklagte Pauline.

Und was sagte der alte blinde Schäfer heute, der Greis am Rande des Grabes: ich habe das Meine gethan auf der Welt, und bin Niemandem Etwas schuldig. — Und ich — ich? — Ich habe Nichts gethan von Allem, was ich hätte thun, Nichts von dem vollbracht, was ich vielleicht unter günstigeren Sternen hätte vollbringen können! Nichts! auch nicht die kleinste That. Und falle ich in dem bevorstehenden Kampfe, so wird mein Name von meinen Gläubigern verwünscht werden, deren Forderungen zu befriedigen eine Million nicht hinreicht.

Eine lange Pause entstand, aber es schien, als habe dies Aussprechen seiner Gedanken dem Prinzen die Seele befreit. Die nächsten Tage war er heiterer. Er freute sich des ungestörten Beisammenseins mit der Geliebten, traf mancherlei Anordnungen zum Besten seiner Gutsinsassen, und musizirte viel.

Jeder Fremde, der ihn in diesen Zuständen zum erstenmale gesehen hätte, würde ihn für zufrieden und in sich beruhigt angesprochen haben; Pauline aber, und alle Personen seiner Umgebung fühlten sich beängstet durch Züge nachgiebiger Weichheit und Stille, welche außer seinem Wesen lagen.

Ich wage nicht mehr, Dich zu umarmen wie sonst, sagte eines Tages Pauline, Du bist so ruhig geworden, so sanft, daß ich den Frieden in Dir durch meine Liebe zu stören fürchte.

Weißt Du nicht, daß nach den Regeln der Kunst, die grellsten Dissonanzen leise verklingen müssen vor dem Schlußakkord? antwortete er, indem er sie herzlich in seine Arme zog. Deine Schönheit, meine Pauline! soll die Göttin sein, welche mich die auflösenden Harmonieen mild und richtig wählen lehrt.

Dreizehntes Kapitel.

Einige Wochen stillen Rastens waren dem Prinzen in Schricke gegönnt. Sie hatten ihn wesentlich erfrischt, als er nach Berlin zurückkehrte. Man fand ihn gesammelter, ernster als früher, und erwartete das Beste von seinem Muthe, der sich jetzt mit ruhiger Besonnenheit zu paaren schien.

Die preußischen Heere standen schlagfertig, die Bildung einer Landwehr ward besprochen, aber es fehlte Geld zur Ausrüstung derselben, und man sah sich, trotz der vorhergehenden Friedensjahre, genöthigt, zehn Millionen Schatzscheine auszugeben, was große Besorgniß erregen mußte, wenn man an die Möglichkeit eines längern Krieges dachte.

Indeß noch immer pflog man Unterhandlungen, obschon Napoleon gar keine Rücksicht mehr darauf nahm, und Länder, welche er Preußen zuerkannt hatte, an England abzutreten gedachte. Es war im August, als man diese Treulosigkeit erfuhr, und einen neuen Gesandten nach Paris schickte, während fast zu derselben Zeit das ganze preußische Heer an sechs verschiedenen Stellen über die Elbe ging, als wolle man den Krieg beginnen, ohne ihn erklärt zu haben.

Dies Verfahren fand selbst in Deutschland allgemeinen Tadel, und bei dem Mißtrauen, welches die andern Staaten gegen Preußen hegten, benutzten es Hessen und Sachsen, sich von dem bisherigen Bunde mit Preußen loszusagen.

So rückten denn die Letztern ganz allein in das Feld. Was noch von Truppen in Berlin war, sollte in der Mitte des September dem Heere folgen. Die Stadt war todtenstill, von Soldaten entblößt, durch eilig gebildete Bürgermilizen bewacht. Die unwahrscheinlichsten Gerüchte von dem Herannahen, von einem Ueberfalle der Franzosen, liefen umher und wurden geglaubt. Obschon das ganze preußische Heer noch in voller Stattlichkeit dastand, trugen Berlin und die Physiognomie des Volkes das Gepräge einer erlittenen Niederlage; ein schlimmes Zeichen! denn ohne verständiges Selbstvertrauen wird die größte Kraft ein todter Besitz, mit dem Nichts auszurichten möglich ist.

An einem frischen, sonnigen Septembermorgen folgte Prinz Louis seiner Heerabtheilung. Er war bestimmt, die Vorhut des linken Flügels zu führen. Mit schwerem Herzen hatte er sich von Eltern und Geschwistern, von Henriette und von seinen Kindern getrennt. Noch spät in der Nacht war er zu Rahel gefahren. Er fand sie allein, seiner wartend, da er ihr sein Kommen gemeldet hatte.

Sie haben mich erschöpft mit ihren Thränen, sagte er, da wollte ich zu Ihnen kommen, Rahel, um mein Herz wieder fest zu machen. Das Leben thut recht weh!

Sehr weh! antwortete sie still.

Meine Kinder sind so schön und noch so jung! Es schmerzt mich zu denken, daß sie kein eignes Bild von mir behalten werden. Euch Allen war ich Etwas; viel oder wenig, doch stets so viel, als ich vermochte. Diesen Kindern, die ich so sehr geliebt habe, werde ich ein bleicher Schatten sein, und man wird ihnen mein Bild entstellen!

Er blickte sinnend vor sich nieder, dann nahm er Rahels Hand:

6 *

Höre, Rahel! sagte er, Du sollst mir Etwas schwören. Sie werden, wenn ich fallen sollte, viel von meinen Fehlern sprechen,
meinen Lebenslauf tadeln, mein Andenken durch manchen Flecken
zu entstellen wissen, denn ich habe Feinde, und sie brauchen nicht
zu lügen, um mich anzuklagen. Versprich Du mir, Rahel! daß
Du leben willst, mich zu vertreten, zu sagen: Ich habe Louis geliebt, denn obschon er fehlte und irrte, war sein Herz rein, sein
Wille gut, und er strebte nach dem Besten. Willst Du mir Das
thun, Rahel? Willst Du meinen Kindern das Andenken ihres
Vaters rein erhalten?

So wahr als ich Sie liebe! sagte Rahel, und hob die dunkeln
Augen mit ernstem Aufschlage zum Himmel empor.

Das ist ein großer Schwur, denn Du hast mich sehr geliebt,
und ich danke Dir dafür. Deine Liebe war oft mein guter Genius
im Leben; sie wird auch mein Vertreter nach dem Tode sein.

Sie lohnen mir wie ein Königssohn; ich will's verdienen!
sagte Rahel fest.

Der Prinz erhob sich, umarmte sie, und sie schieden.

Nur die Trennung von Pauline stand ihm noch bevor, und
mit Angst gedachte er an diese.

Am lichten Morgen, funkelnd im Waffenschmuck, ritt er vor
ihr Haus. Er hatte sich auf jene Ausbrüche eines leidenschaftlichen Schmerzes gefaßt gemacht, welche Pauline eigen waren, und
all seine Kraft in sich beschworen, diesen zu begegnen. Statt dessen
fand er sie heiter, strahlend im vollen Glanze ihrer Schönheit,
zur Reise gekleidet, und einen Reisewagen vor ihrer Thüre.

Kommst Du mich holen? fragte sie, denn Du hast doch nicht
geglaubt, daß ich Dich jetzt verlassen würde?

Beglückt durch ihren Anblick, wie durch ihren unerwarteten
Entschluß, mußte der Prinz ihr dennoch weigern, sie mit sich zu
nehmen, um dem Heere nicht ein solches Beispiel zu geben.

Aber Pauline wollte davon nichts wissen. Sie erbot sich in

Männerkleidern zu folgen, betheuerte allen Anstrengungen ge=
wachsen zu sein, und sagte: Du nennst mich Dein Glück, Deinen
guten Stern! Du sagst, ich sei Dir das Bild des Lebens! willst
Du Glück und Leben von Dir stoßen, die sich Dir darbieten in
vollster Freudigkeit? Soll Dein guter Stern nicht bei Dir sein,
wenn das Gestirn des Sieges nun endlich an Deinem Himmel
aufgehen wird? Muß ich es denn nicht sein, die Dich zuerst
erblickt, wenn Du heimkehrst als Sieger aus der gewonnenen
Schlacht?

Einen Augenblick schwankte der Prinz, aber das Gefühl sei=
ner Pflicht trug den Sieg davon. Mit stürmischem Schmerze
trennte er sich von Pauline, die er fast sinnlos zurückließ, und
nur durch das Versprechen zu besänftigen vermochte, daß sie ihm
folgen solle, daß er sie selbst rufen werde, und seinem Herzen zu
genügen, rufen müsse, sobald sich Aussicht zu längerem Ver=
weilen an irgend einem Ruhepunkte bieten sollte.

So waren für den Augenblick alle Bande gelöst, und der
Prinz fühlte sich freier als seit Jahren, da er jetzt bestimmte
Pflichten und ein festes Ziel vor Augen hatte.

Wenig Tage nachdem er Berlin verlassen hatte, gingen auch
die verschiedenen Hofstaaten fort, und das Königspaar begab sich
nach Naumburg, wohin man das Hauptquartier verlegte. Diese
Abreise ward das Zeichen zu einem allgemeinen Aufbruche. Man
glaubte sich nicht mehr sicher in der Mark, und viele wohlhabende
Familien flüchteten nach Dresden, Prag oder Wien.

Rahel hatte Anfangs beschlossen in Berlin zu verweilen, aber
die Stimmung der Hauptstadt war so niederdrückend, daß sie,
selbst der Erhebung bedürftig, es wie eine Nothwendigkeit em=
pfand sich diesen Eindrücken zu entziehen. Seit Jahren hatte
Gentz oftmals den Wunsch ausgesprochen, Rahel wiederzusehen, im=
mer hatten dazwischen tretende Ereignisse es gehindert. In diesem
Augenblicke war er von Wien aus mit geheimen Aufträgen nach

Dresden gesendet, und da er ihre Absicht erfuhr, Berlin zu verlassen, erlangte er es leicht, daß sie Dresden zu ihrem Aufenthalte wählte. Dort fanden sie sich nach einer fünfjährigen Trennung
endlich wieder.

Rahel und Gentz hatten sich Beide, wie es bei so stark aus-
geprägten Naturen zu erwarten gewesen war, nicht wesentlich verändert. Nur schärfer, nur entschiedener noch als früher machten sich
ihre Eigenthümlichkeiten geltend. Nach jenen ersten, stummen, er-
schütternden Augenblicken des Wiedersehens, deren die Seele immer
bedarf, um in sich gewiß zu werden, daß die Trennung vorüber, und
der Entfernte aus dem Schattenreiche der Erinnerung in die Wirklich-
keit getreten sei, schien es Beiden, als hätten sie immer neben
einander gelebt, und doch war eine so reich bewegte Zeit an ihnen
vorübergegangen, daß es des Mittheilens und Erzählens kein Ende
werden konnte.

Gentz fragte nach Frau von Grotthuß, nach der Unzelmann,
die Beide noch in den früheren Verhältnissen und in gewohnter
Weise lebten. Er war vor wenig Wochen dem Grafen Tilly auf
einer Reise begegnet, denn Tilly hatte Berlin vor einem Jahre in
Folge eines Liebesabenteuers verlassen, welches mit dem Selbst-
morde der von ihm verführten Frau geendet hatte. Er erzählte,
daß Schlegel und Dorothea am Rheine lebten, und forderte von
Rahel Auskunft über Wiesel, über Vetter.

Wiesel ist schlecht geworden, sagte sie, um auch an sich selbst
seine Theorie durch die Praxis zu beweisen; aber es ging langsam
damit, denn er hat wie viele Menschen, mehr Konsequenz im
Denken, als im Handeln. Sein früherer Freund Vetter ist des
Lasters überdrüssig, das er haßt, ohne deshalb die Tugend zu
lieben. So langweilt er sich, wie Herkules auf seinem Scheidewege, und wird ewig auf dem Scheidewege stehen bleiben.

Und Pauline? Wie ist Pauline?

Pauline ist das Ideal des Weibes, das Ihr Männer erstrebt

und verdient. Nichts durch sich selbst als schön und heiter, alles Andere von dem Manne empfangend, der sie liebt, und darum von jedem Manne, der sie liebt, angebetet wie sein Spiegelbild, sein anderes Ich. Ihr letzter Liebhaber wird über sie entscheiden. Was dieser sein wird, wird sie bleiben!

Engel! himmlischer Dämon! rief Gentz, Rahels Hände ergreifend und mit ausgelassener Zärtlichkeit küssend. Wer urtheilt denn so göttlich boshaft und so kindlich wahr über die Menschen, als Sie! Haben Sie einen Zauberspiegel? — dann sagen Sie mir, wie und was bin ich geworden?

Was Sie versprachen und wollten! sagte sie mit Nachdruck.

Ja Rahel! so ist's! rief Gentz. Ich habe mir Wort gehalten und revoltirt auf meine Weise. Ich bin geadelt, bin Hofrath, habe Geld, lebe ungeheuer gut, besitze ein Landhaus, die schönsten Möbel, halte zwei Kammerdiener, einen Koch, und habe Einfluß — Einfluß nach allen vier Himmelsgegenden der Welt.

Rahel lachte, weil Gentz mit wahrhaft kindischer Lust sich dieser äußern Erwerbnisse seines so bedeutenden Lebens zu erfreuen vermochte. Er berichtete ihr von seinen Verbindungen, stellte ihr seine Ansicht über die jetzigen Zustände dar, und wußte, während er sie durch die Klarheit seines Geistes entzückte, sie doch in jedem Augenblicke fühlen zu lassen, wie ihm dies Alles nur Mittel zum Zwecke wären.

Ich halte darauf, daß die große politische Maschine, in der die Welt verarbeitet wird, möglichst gut im Stande bleibe, sagte er; denn fängt sie zu rosten an, oder geräth sie in's Stocken, so kann der Einzelne vor dem infamen Spektakel nicht mehr ein Auge ruhig zu machen. Ich arbeite für Alle, um meines Komforts willen.

Plötzlich unterbrach er sich. Wir sprechen von der Welt, von mir, von unseren Freuden, und Sie sagen mir nichts von sich, Rahel! Wie geht es Ihnen? Haben Sie sich innerlich beruhigt?

Lernen Sie allmälig die Welt genießen, nur das Mögliche verlangen? Haben Sie Lust bekommen, auch einmal glücklich zu werden?

Sehe ich denn aus wie Jemand, der dazu Talent hat? entgegnete Rahel. Nein Gentz! ich werde nie glücklich sein, aber ich werde ein Schicksal haben, und das ist eine Auszeichnung; denn die meisten Menschen haben nur Erlebnisse. Ich werde für Andere leben, wie die Andern für sich selbst.

Es entstand eine Pause, dann bemerkte Gentz, gleichsam als Schluß einer Gedankenreihe: Prinz Louis ist nun beim Heere. Diese Ereignisse könnten ihn retten, wenn —

Ein Diener in der Livree von Gentz, mit einem Schreiben eintretend, unterbrach seine Worte. Er meldete, die Depesche sei von einem Courire überbracht, der die Antwort zurücknehmen solle. Gentz öffnete das Blatt und war sichtlich auf angenehme Weise davon überrascht.

Sieh' da! rief er, gegen Rahel gewendet, der Stein, den die Bauleute verworfen haben, ist zum Eckstein geworden! Es gab eine Zeit, in welcher Seine Excellenz der Graf von Haugwitz, sehr vornehm vorübergingen durch die Antichambre, wenn der Kriegsrath Gentz die ihm zustehende Beförderung demüthig forderte!

Und jetzt? was geht jetzt vor sich, Gentz?

Lesen Sie! antwortete er, indem er ihr mit zufriedenem Lächeln das Schreiben hinhielt.

Es war aus dem Hauptquartiere von der eigenen Hand des Grafen Haugwitz geschrieben. In den verbindlichsten Ausdrücken forderte er Gentz auf, sich dorthin zu verfügen, um seinem Vaterlande einen wesentlichen Dienst zu leisten. Man wolle die Kriegserklärung durch ein Manifest begründen, und wünsche sowohl für dieses, als über die österreichischen Zustände und die Möglichkeit einer Vereinigung mit dieser Macht, die Ansicht des Hofrath von Gentz zu vernehmen.

Rahel blickte ihn lange an. Da sie schwieg, fragte er sie, weshalb sie ihn betrachte.

Ich will mir das Bild eines Menschen einprägen, dem es gelingt sein Ziel zu erreichen, sagte sie. Solche Menschen sind selten auf dieser Erde. Ihr Mährchen von den Thronen, die Sie stützen, ist schnell zur Wahrheit geworden!

Gentz gab ihr die Hand; er war ernst geworden. Denken Sie der Stunde und des Mährchens noch? Ich habe jenen Tag nicht vergessen, Rahel! Das Mährchen zur Wahrheit zu machen, war meine Aufgabe — ich habe sie vollführt. Aber die Wünsche, welche ich damals hegte, die Bitte, welche ich Ihnen damals aussprach, zu erfüllen, das lag in Ihrer Hand. Wollen Sie mir am Ziele gewähren, was Sie mir beim Beginn meines Weges verweigerten?

Ich kann es nicht, Gentz! obschon ich wollte, daß ich's könnte.

So muß das wahrgewordene Mährchen mich denn trösten! sagte Gentz, und stand von seinem Platze auf, sich gewaltsam fassend. Ich gehe noch diese Nacht nach Naumburg; denn ich habe die wunderliche Phantasie, dies Preußen, das mich schlecht behandelte, zu lieben, weil es mich doch werden sah. Ich reise gleich! Was soll ich dem Prinzen sagen, wenn ich ihm begegne?

Lehren Sie ihn leben, denn Sie allein verstehen es von uns Allen, dieser Welt froh zu werden.

———————

Vierzehntes Kapitel.

———

Während Rahel und Gentz in Dresden dieses flüchtigen Beisammenseins genossen, und der Letztere seine Reise nach Naumburg antrat, befand sich Prinz Louis Ferdinand in Jena, dem
Standquartiere des Fürsten Hohenlohe, welcher zu einem Kriegsrath in das Hauptquartier berufen worden war. Der Prinz, als
ältester General dieser Abtheilung, hatte den Fürsten zu vertreten.

Der Marsch und das bewegte Leben waren ihm zusagend gewesen. Ich fühle mich frei und leicht, hatte er zu seinem Adjutanten gesagt, da ich endlich einmal nur unter Männern lebe.
Die Weiber haben mich zu lange beherrscht und gequält.

Mit großer Leichtigkeit ertrug er die Beschwerde des Dienstes,
ohne eine Bequemlichkeit für sich zu beanspruchen, welche den
Andern versagt war. Außer seinem Kammerdiener und Reitknechte
begleitete ihn nur Dussek. An jedem Orte, an welchem man längere Zeit verweilte, ward ein Instrument herbeigeschafft, und der
Prinz sprach es oftmals aus, wie die Musik das einzige, das ihm
beständigste Gut des Lebens gewesen sei.

So war man nach Leipzig gelangt, und Prinz Louis Ferdinand war dort mit dem Generale Blücher zusammengetroffen, der
bedeutend älter als Jener, und schon mit kriegerischen Ehren ge-

schmückt, dennoch grade in seinem eigenen leidenschaftlichen und rücksichtslosen Charakter den Maaßstab zur Würdigung des Prinzen besaß.

Kühnem Wagen geneigt in der Stunde der Gefahr, der eigenen Kraft vertrauend und dem eigenen Scharfblicke, mußte ihm wie dem Prinzen, das lange Zögern und Berathen, das Ueberlegen und Verwerfen besonders widerwärtig werden, welches im Hauptquartiere herrschte.

Der Angriffsplan der nächsten Tage bot den Gegenstand des Gespräches, als die beiden Männer zusammen saßen: der Eine in aller Schöne der Jugend, der Andre in der reifen Kraft nerviger Männlichkeit. Weinflaschen standen zwischen ihnen auf dem Tische, auf welchem der Prinz die Terrain-Karten entfaltete, und den Angriffsplan des Fürsten Hohenlohe zu erklären versuchte.

General Blücher hörte aufmerksam zu. Er hatte den Kopf auf den linken Arm gestützt, die blitzend grauen Augen unter buschigen Braunen, sahen klug über der starken Habichtsnase hervor. Während er den langen Schnurbart langsam durch die Finger der rechten Hand zog und bald den Kopf verneinend schüttelte, bald zustimmend neigte, lächelte er plötzlich, als der Prinz einen andern Plan Hohenlohes entwickelnd, mit den Worten begann: wenn Napoleon den Weg einschlägt, welchen der Fürst erwartet —

So ist er ein Esel! rief Blücher dazwischen. Haltens zu Gnaden, Hoheit! es ist lauter dummes Zeug mit den Wenn's! Diese Feldherren von Wenn und von Aber, wie der Hohenlohe und der Braunschweig, die meinen sie hätten Ihresgleichen vor sich an dem Bonaparte. Aber der Bonaparte denkt den Teufel an Vauban und die andern alten Scharteken, aus denen Jene ihre Weisheit holten, denn er fabrizirt sich seine Schlachten selbst. Und da denke ich, der beste Plan wäre —

Welcher, lieber Blücher! Welcher? fragte der Prinz.

Ich denke, kommt der Bonaparte bei Weimar zum Vorschein,

so müssen wir ihn bei Weimar schlagen, und kommt er nach Naum=
burg, so schlagen wir ihn bei Naumburg. Denn daß wir ihn
schlagen, das ist die Hauptsache; das Wie und Wo, das wird Er
uns schon bestellen.

Und werden wir es können, General?

Können? Wir müssen's können, Prinz! Sie haben uns ver=
dammt tief hineingeritten mit ihren Kongressen und Schreibereien;
aber wir wollen uns schon heraushauen mit unsern Säbeln, denn
Preußen soll und muß wieder glorreich dastehen, oder ich will
nicht leben.

Die Hand darauf! rief der Prinz, wir fallen mit dem Vater=
lande!

Hand und Wort darauf! wiederholte Blücher mit feierlichem
Ernste.

Beide schwiegen dann, bis nach einer Weile Blücher bemerkte:
Wollen doch aber erst recht ernstlich zusehen, ob nicht zu helfen
ist, denn zum Untergehen kommt man immer zu früh, so lang es
noch Weiber, Wein und Karten giebt.

Er lachte bei diesen Worten mit schallender Stimme, trank
schnell sein Glas aus, und fing gleich wieder an, die Vorgänge
zu besprechen, welche Allen in diesem Augenblicke am meisten am
Herzen lagen.

Die Frische, die Derbheit Blüchers hatten den Prinzen be=
lebt, und heiterer als seit langer Zeit, ja selbst mit dem Glauben
an die Möglichkeit einer glücklicheren Zukunft, war Louis Ferdi=
nand nach Jena gegangen, die Wiederkehr des Fürsten Hohenlohe
abzuwarten, um nach derselben sich zu seiner Heerabtheilung zu
begeben, welche das Saalthal besetzt hielt.

Fünfzehntes Kapitel.

In Naumburg aber, wohin Gentz beschieden worden, herrschte die bunteste Verwirrung. Der König und die Königin, sämmtliche Heerführer und Minister, mehrere Prinzen und Diplomaten befanden sich dort, und waren in dem kleinen Orte, so gut es thunlich gewesen, untergebracht worden.

Kaum war Graf Haugwitz benachrichtigt, daß Gentz angelangt sei, so ließ er ihn gleich ersuchen, zu ihm zu kommen.

Die Gewalt der Zeitumstände hatte das Aeußere des Ministers gealtert, aber seine Neigung sich würdig und in einem bestimmten Charakter darzustellen, nicht gemindert. Wie er einst als Freund ländlicher Freuden, im Kreise der Seinen mit Bewußtsein die Rolle des Cincinatus durchgeführt, um seiner inneren Vorstellung ein äußeres Genüge zu thun, so war er heute ganz und gar ein Regulus, ein edler verkannter Staatsmann, ein antiker Bürger.

Mit Würde und Herzlichkeit trat er dem Ankommenden entgegen. Seit wir uns in Wien zuletzt gesehen haben, hat sich Manches ereignet, sagte er. Ich weiß, daß man, daß Sie nicht ganz zufrieden mit mir gewesen sind; das wird sich ändern, sobald Sie die Sachlage kennen. Keines Falles sollen Sie Ursache ha-

ben zu bedauern, in dieser interessanten Krisis hergekommen zu
sein. Der Federkrieg hat bereits begonnen — es wird nicht lange
währen, so donnern die Kanonen, denn eben ist die Nachricht eingetroffen, daß Napoleon in Würzburg angekommen sei.

Aber ehe es noch zu den weiteren Aufklärungen kommen
konnte, welche der Minister zu geben versprochen hatte, ward er
in das Konseil zum Könige berufen. Dadurch gewann Gentz Zeit
seine übrigen Bekannten aufzusuchen, und sich zu überzeugen wie
wenig Zuversicht die Verständigen und Wohlunterrichteten zu dem
glücklichen Ausgang dieses Unternehmens hegten.

Die Unfähigkeit der Feldmarschälle, des Herzogs von Braunschweig und des Fürsten von Hohenlohe, war für alle Generale
ein Gegenstand ängstlicher Besorgniß, welche durch die Tüchtigkeit
der Unterbefehlshaber wie Blücher, Kalkreuth, Rüchel, nicht auf-
gehoben werden konnte; denn diese Letzteren waren abhängig von
den Anordnungen ihrer Chefs, und hatten höchstens die Freiheit,
begangene Fehler möglichst zu verbessern.

In den Ministerien sah es nicht günstiger aus. Die Minister
schützten überall ausdrückliche höchste Befehle, die Untergebenen Anordnungen der Minister vor, welche man zu tadeln nicht versäumte.

Gentz hatte von seinen frühern Verhältnissen in Berlin her,
zahlreiche Bekannte unter den Offizieren; er wurde mit Freuden
begrüßt, wo er sich blicken ließ. Seine ruhige Klarheit, seine Be-
stimmtheit in Geschäftsangelegenheiten, mußte Allen willkommen
sein, die, auf dem Punkte ihr Leben für eine heilige Sache zu
wagen, immerfort durch Gerüchte und Halbheiten über den Stand
derselben getäuscht wurden.

Selbst die Königin schien von dem beängstigenden Gefühle,
welches diese Ungewißheit verbreitete, berührt zu sein, und verlangte Gentz zu sprechen, der ihr vorgestellt werden sollte, als das
Andringen Napoleons eine Verlegung des Hauptquartiers nach
Erfurt nöthig machte, wohin man Gentz zu folgen einlud.

Der Weg nach Erfurt wurde über Auerstädt eingeschlagen; der Zug dahin bot eines der feierlichsten Schauspiele dar. Umgeben von seinen Truppen, von Kanonen und Geschützwagen umringt, fuhr das königliche Paar in einem geschlossenen Wagen über die Höhen von Kösen einer Schlacht entgegen, von deren Entscheidung seine Zukunft und die Zukunft eines Volkes abhing.

Es war in den Frühstunden des vierten Oktobers, als Gentz auf der Brücke bei Kösen stand, und die Regimenter defiliren, das Königspaar vorüberfahren sah. Seine ganze Vergangenheit, sein inneres Leben entfalteten sich vor seinem Auge, und mit dem freudigen Bewußtsein, welches durch festes Wollen immer erzeugt wird, durfte er sich sagen, daß er erreicht habe, was er erstrebte, den Gebrauch seiner geistigen Kräfte auf eine ihm zusagende Weise. Seine Stellung war so einzig, wie seine Begabung; sein Einfluß so bedeutend, daß seine, des Privatmannes Meinung, den Ausschlag gebend, in die Schaale gelegt wurde, welche über das Schicksal ganzer Nationen entschied. Aber in dies Gefühl des Triumphes, das Jeder am errungenen Ziele empfindet, mischten sich ein Gefühl der Verantwortlichkeit und eine Besorgniß für die nächste Zukunft, welche um so schwerer wurden, je klarer er alle Zustände zu übersehen vermochte.

In Erfurt begannen die Arbeiten und Konferenzen gleich wieder, welche man in Naumburg unterbrochen hatte. Hier sprach Gentz die Königin, hierher brachte ein Adjutant des Herzogs von Weimar die ersten zuverlässigen Nachrichten über die Bewegungen der Franzosen, welche ihre frühere Stellung in der Umgegend von Würzburg verlassen hatten, um ihre gesammten Kräfte bei Bamberg zusammen zu ziehen.

Gleich nach Empfang dieser Nachricht erhielten alle bei Gotha und Eisenach stehenden preußischen Truppen den Befehl, sich nach der Saale zu begeben, da man in dieser Gegend den Angriff erwarten mußte.

Fern vom Hauptquartiere verzehrte Prinz Louis Ferdinand sich indessen vor brennender Ungeduld, während er dem Augenblick der Entscheidung entgegenharrte.

Jena's Mauern erschienen ihm wie ein Kerker, dessen Enge ihn erdrückte. Vergebens nahm er zu seinen Feldzugsplanen und Terrainkarten, zu Büchern und zum Flügel seine Zuflucht. Es vermochte Nichts, ihn dauernd zu fesseln. Tag über sah man ihn auf den Straßen, die Truppen mustern, die einzelnen Feldstücke untersuchen, und mit den Offizieren verkehren. Es war ihm, als müsse er den Andern seinen Muth, seine Lebensverachtung und seine Todesfreudigkeit in die Seele hauchen, um sie würdig vorzubereiten für den großen Tag des Kampfes.

In lebhafter Unruhe ging er Abends mit seinem Adjutanten und einigen Offizieren auf dem Markte umher, die Ankunft eines Couriers erwartend. Je länger dieser ausblieb, mit um so schnelleren Schritten fing der Prinz an, den Marktraum zu durchmessen, bis endlich sein Adjutant, Graf Nostiz, ein Liebling des Prinzen, leise gegen einen Kameraden bemerkte, solche Unruhe bringe den Courier nicht um eine Minute früher nach Jena und der Prinz reibe seine Kräfte durch die Ungeduld nur nutzlos auf.

Aber so wenig diese Worte für das Ohr Louis Ferdinands berechnet waren, hatten sie es doch erreicht. Sie haben geliebt, fragte er plötzlich, und haben gespielt, nicht wahr, Nostiz?

Wer hätte das nicht gethan, Hoheit?

Sie haben geliebt und gespielt, wiederholte der Prinz, und wundern sich über die fieberheiße Gluth der Erwartung, über die bebende Spannung vor dem Augenblick der Entscheidung? Ich habe diesen Kampf ersehnt, wie die Umarmung des geliebtesten Weibes; das Schicksal wirft seine Würfel über unsere Zukunft, und Sie wundern sich, daß die Sekunden sich mir in Jahre verkehren?

Ein Posthorn erschallte, Alles fuhr empor, aber es war nicht der ersehnte Courier, sondern der französische Gesandte Laforest, welcher nach Erfurt ging. Zwei Wagen voll Franzosen begleiteten ihn, und blieben zurück, während er nur die Pferde wechselte, um sein Ziel zu erreichen.

Diese Spannung verwirrt meine Gedanken! rief der Prinz. Ich begreife es, wie man wahnsinnig wird, wenn die Seelenkräfte sich zu gewaltsam auf einen Punkt richten. Sprechen Sie von etwas Anderm, geben Sie mir einen andern Gedanken, als den an diese alten Zöpfe, die im Hauptquartiere sitzen, und weil ihre Zeit vorüber ist, die Zeit verpassen. Lassen Sie uns Etwas vornehmen, irgend Etwas!

Aber es braucht nur einer so gewaltsamen Aufforderung zu einer Zerstreuung, um jede Möglichkeit derselben zu vernichten, um alle Anwesenden zu lähmen. Niemand wußte etwas Anderes, als die gleichgültigsten Dinge vorzuschlagen, keine Unterhaltung wollte Wurzel fassen und gedeihen.

Da fiel des Prinzen Auge auf das Schild eines Weinhauses. Die starke Bewegung hatte ihn durstig gemacht, und plötzlich rief er: Lassen Sie uns hineingehen, lassen Sie uns trinken. Vielleicht verkürzt das die Stunden; und holen Sie Dussek herüber.

Es mochten gegen zwanzig Offiziere in dem Lokale anwesend sein. Sie hatten sich den großen Saal öffnen lassen, und saßen hier beim vollsten Zechen, als der Prinz mit seinen Begleitern eintrat.

Man wollte aufstehen, ihm den Saal überlassen, er litt es nicht.

Wir sind nicht auf der Parade, meine Herren! wer zuerst kommt, hat das Terrain. Bleiben Sie; aber rücken Sie zusammen, daß wir unterkommen können, sagte er.

Es geschah, man ließ sich nieder, die Champagnerflaschen wurden gebracht, die Korke knallten, und von den Lippen der jungen Krieger ertönten abwechselnd zärtliche und kriegerische Toaste.

Ein altes Klavier, das sich im Saale befand, wurde bald geöff=
net, Dussek machte es möglich, selbst den halbverstimmten Saiten
noch Wohllaut zu entlocken.

Wunderbar, sagte der Prinz, daß ich trotz dieses Lachens und
Lärmens die Sekundenschläge der Uhr höre, daß ich Nichts em=
pfinde, als die Dauer der Zeit. — Dussek! spiele uns keine sanf=
ten Lieder, spiele uns Schlachtendonner, präludire uns die Musik
der nächsten Tage.

Dussek that es. Er spielte die beliebtesten Kriegslieder, er
variirte sie, und alle Anwesenden stimmten bald ein. Inzwischen
schlug die Uhr die achte Abendstunde.

Um drei Uhr konnte der Courier hier sein! rief der Prinz,
von Wein und Ungeduld mehr und mehr erhitzt. Aber sie werden
zu keinem Entschlusse gelangen, sie werden am Spiegel stehen,
sich die Perücken kleistern und die Kamaschen knöpfen lassen, bis
Bonaparte sie an den Zöpfen haben und zausen wird, daß ihnen
das Paradereglement vergeht. Ich verfluche die alte Zeit, das
ganze alte verzopfte Wesen, das uns zu Grunde richtet. Pereant
die Zöpfe! alle Zöpfe!

Die Offiziere stimmten jubelnd mit ein.

Herunter mit ihnen, wer es ehrlich meint! rief der Prinz.

Vor diesem Vorschlage, der dem Prinzen Ernst zu sein schien,
erschraken die Offiziere wie vor einem Verbrechen. Man that, als
ob es ein Scherz gewesen sei; das entflammte den Prinzen noch
mehr.

Komm Du her, Dussek! rief er, der Du der einzige Freie bist
unter uns, und sieh nun selbst, wie sie uns an dem chinesischen
Schwanze halten, der uns verdiente Nackenschläge giebt. Komme
Du her, und wie Du brav auf Deine Tasten loszuhauen pfleg=
test, so haue mir mit einem ehrlichen Hiebe den Zopf herunter.
Du hast doch kein Bedenken?

Nicht das Geringste! lachte Dussek, auf Erden wächst er wie=

der, wenn's sein muß; zu einem Liebespfande bleibt genug Haar auf dem Kopfe, und jenseits läßt St. Peter die Frommen wohl auch ohne Zopf herein.

Nun denn frisch! sagte der Prinz, zog den Degen, kniete vor einem Seitentische nieder, legte den wohlgebundenen Zopf darauf und Dussek, sich von seinem Sitze erhebend und die Manschetten von den fetten weißen Händen zurückschlagend, hieb mit einem Schlage den Zopf des Prinzen herunter.

Ein allgemeines Lachen erscholl. Aber als der Prinz ausrief: Pereat! den alten Zöpfen und der ganzen miserablen Vergangen= heit, Vivat eine glorreiche Zukunft! Da stürzte Alt und Jung in der Versammlung herbei, und in wenig Minuten lagen alle Zöpfe wie Leichen starr und steif neben einander.

Ein unermeßlicher Jubel, eine ausgelassene Lustigkeit began= nen. Plötzlich jedoch verstummte der Prinz. Seine Blicke hefte= ten sich starr auf eine Glasthüre, welche in ein Nebenzimmer führte, seine Wangen erbleichten, und in bebendem Zorn schienen sich seine Lippen zusammen zu pressen.

Was haben Sie, Hoheit! fragte Dussek erschrocken.

Der Prinz fuhr mit der Hand über die Augen, blickte noch= mals hin, es war Niemand zu sehen. Wunderbar! sprach er, ich hätte gewettet, daß Er es wäre!

Wer denn?

O! laßt es nur, es war ein Bild meiner überreizten Phantasie!

Aber die Stimmung des Prinzen hatte ihren Schwung ver= loren; er brach bald auf, und noch im Fortgehen beauftragte er seinen Adjutanten, zu fragen, wer in dem Nebenzimmer gewe= sen sei.

Man erfuhr, daß es die Franzosen waren, welche Laforest hier zurückgelassen hatte.

Sechszehntes Kapitel.

———

In seiner Wohnung angelangt, überreichte François dem Prinzen einen Brief Paulinens. Ihr ganzes Wesen war darin ausgesprochen. Der Prinz las ihn wieder und wieder, und setzte sich sogleich hin, ihr zu antworten.

Als er dann spät sein Lager suchte, kam François wie immer, ihn zu entkleiden. Es sind Franzosen angekommen, Hoheit! sagte er, die hier ausruhen; gegen Morgen wollen sie ihre Route kontinuiren.

Ich weiß es.

C'est étrange, fuhr der Alte fort, wie in diesem siècle die Schicksale der Leute wechseln. Ce Monsieur de Heldrich, der vor Jahren im Palais mit Oehrdorf connaissance gemacht hatte und dort umherspionirte, ist mit dabei. Er trägt die Offiziers-Uniform der Cheveaux légers, aber er hat sich einen anderen Namen gegeben. Sie nennen ihn, Monsieur ... Monsieur ... der Alte suchte vergebens den Namen, der seinem Gedächtnisse entschwunden war.

Was thut der Name! sagen Sie mir, wo ich den Lieutenant finde, rief der Prinz mit Lebhaftigkeit, den Alten unterbrechend. Ich muß ihn sprechen, und sogleich!

François warf dem Prinzen die Kleider wieder über und

ſchickte ſich an, den Verlangten aufzuſuchen, als plötzlich ſich ein
Poſthorn hören ließ. Ein Wagen hielt vor dem Hauſe. Der
Prinz wähnte, es ſei der Courier, aber ſtatt des erwarteten Cou‐
riers trat der Fürſt von Hohenlohe ſelbſt ein, dem Prinzen die
Mittheilungen zu machen, deren er bedurfte.

Ihre Unterredung währte zwei volle Stunden. Als der Fürſt
den Prinzen verließ, gab dieſer Befehl zum Aufbruche, indeß die
Hoffnung, welche ſeit dem Zuſammentreffen mit Blücher über ihn
gekommen war, hatte einer tiefen Niedergeſchlagenheit Platz ge‐
macht.

Während man packte und die Pferde ſattelte, verlangte Louis
Ferdinand nochmals, man ſolle Heldrich ſuchen, und ſendete Fran‐
çois zu dieſem Zwecke ab, der bald darauf mit dem Beſcheide zu‐
rückkehrte, der General, in deſſen Begleitung ſich Herr von Hel‐
drich befunden, habe während der Unterredung des Prinzen mit
dem Fürſten, Jena verlaſſen, und der Lieutenant ihm folgen
müſſen. Ein Billet des Letzteren ward dem Prinzen gebracht.

Mein neues Vaterland hat mir mit ſeinem Degen die Ehre
wiedergegeben, welche Ew. Hoheit einſt zu zerſtören ſo eifrig wa‐
ren; dafür gehört ihm mein Leben. Ich darf mir nicht er‐
lauben, es im perſönlichen Streite am Vorabende einer
Schlacht für eine perſönliche Sache einzuſetzen. Vielleicht treffen
wir einander auf dem Schlachtfelde — wo nicht, ſtehe ich Ew.
Hoheit nach dem Kampfe zu Befehl.

Es war die Nacht vor dem achten Oktober, als der Prinz
mit ſeinem Stabe Jena verließ, um nach Rudolſtadt zu gehen.
Seine Vorſchrift lautete, ſich wo möglich in kein Gefecht einzu‐
laſſen, wenn der Feind anrücke, ſondern ſich auf die Diviſion des
Generals von Grawert zurückzuziehen, welche vor Orlamünde ſtand.

Bei ſeinen Truppen eingetroffen, mußte der Prinz jedoch
abermals ſechs und dreißig Stunden in thatenloſem Harren ver‐
weilen, obſchon ſich bereits feindliche Pikets an verſchiedenen Punk‐

ten gezeigt hatten. Endlich am Abend des neunten Oktober langte
die Botschaft an, daß die Franzosen mit ganzer Macht heranzu-
rücken schienen.

Seit Jahren hatte der Prinz die Stunde dieses Kampfes wie
eine Befreiung, seit Monaten wie eine Erlösung betrachtet. Sich
jetzt noch vor dem Feinde zurückzuziehen, kam ihm so unmöglich
als unwürdig vor. Die Plane, welche Fürst Hohenlohe ihm vorgelegt hatte, versprachen geringen Erfolg, und waren weder klar
noch bestimmt. Bei dem fortdauernden Unterhandeln und Parla-
mentiren, bei der geringen Zuversicht, welche man im Hauptquartiere für den glücklichen Ausgang des Krieges hegte, fürchtete
er, dieser werde auch jetzt nicht begonnen werden, man werde sich
zu neuen Zugeständnissen an Frankreich hergeben, neue Demüthi-
gungen auf Preußen laden, wenn er selbst nicht einen unwieder-
bringlich entscheidenden Schritt thue.

Er wußte, daß auch die Königin den Krieg für unerläßlich
halte, er gedachte des Versprechens, das er ihr einst gegeben hatte,
und glaubte sich, als ein Prinz von Preußen, um so mehr berechtigt und berufen, endlich selbsthandelnd die Sache des Vaterlandes zu vertreten, je weniger die eigentlichen Feldherrn dazu be-
fähigt schienen.

In diesem Sinne schrieb er dem Prinzen von Hohenlohe, wie
er es dringend nothwendig halte, zu einer kraftvollen Offensive
überzugehen. Nur diese allein sei dem Geiste der Zeit, der Armee
und dem Drange der Umstände angemessen, während längeres
Zaudern die eigenen Mittel lähme, die Streitkräfte des Feindes
vermehre, und der preußischen Sache eben so die öffentliche Meinung, als bereitwillige Verbündete entziehe. Man dürfe, wenn
man das Vaterland nicht mehr zu retten vermöchte, es doch nicht
ohne Kampf untergehen lassen, und müsse wenigstens beweisen,
daß man sein Leben dafür zu opfern entschlossen sei.

In dieser Gesinnung bereitete der Prinz, nach Absendung des

Briefes, Alles für die bevorstehende Schlacht, und rüstete sich zum Vorschreiten über die Saale, wo die Preußen angreifen sollten, sobald die Heere einander gegenüber stehen würden.

Der Prinz durchwachte fast die ganze Nacht. Aus seiner hochgelegenen Wohnung konnte er die hellen Wachtfeuer der Franzosen erblicken, welche sich in weitem Kreise, längs dem ganzen Horizonte hinzogen. Die häufig fallenden Schüsse ließen über die ernstlichen Absichten des Feindes für den kommenden Tag keinen Zweifel mehr übrig. Mit hoher, freier Seelenruhe blickte Louis Ferdinand diesem Tage entgegen. Nach Mitternacht setzte er sich zum Flügel und spielte mehrere Stunden. Der treue François wachte im Nebenzimmer; er war eben so bewegt als sein Herr ruhig.

Gegen Tagesanbruch, als der Prinz sich eben auf sein Feldbett geworfen hatte, ward gemeldet, daß die französischen Vortruppen unter dem Marschall Lefebre über Gräfenthal heranrückten, und die preußischen Truppen, welche jenseits Saalfeld ständen, sich in Folge dessen auf Saalfeld zurückzögen.

Sogleich entsandte der Prinz einige Ordonanzoffiziere mit kurzen, schriftlichen Befehlen an die Kommandanten der verschiedenen Truppenabtheilungen, dann schellte er nach François, um sich ankleiden zu lassen.

Nun, sagte der Prinz, da er bemerkte, daß des Alten bebende Hände ihm den Dienst versagten, will's heute nicht recht fort? Und Du hast es doch all die Jahre gut verstanden?

Veuille Dieu! daß ich es noch viele Jahre zu thun behielte!

So mache es schneller als jetzt! entgegnete der Prinz, und reiche mir die Orden und den Paradehut.

Gnädigster Herr! nur nicht die Orden! nur den Federhut nicht! Der weiße Federbusch ist ein Signal!

Das soll er werden, François, für alle braven Preußen! Gieb ihn her! Soll ich denn ungeschmückt zu einem Festtage gehen, auf den ich mich seit Jahren freute?

Hoheit! sagte der Alte, während er den Hut hinlegte und die Orden auf der Brust des Prinzen befestigte. Hoheit! je comprends ce noble sentiment, denn ich bin ein Franzose; aber — rief er in Thränen ausbrechend — schonen Sie Ihr Leben, gnädiger Herr! Wir haben nur einen Prinzen Louis!

Der Prinz antwortete nicht. Er war beschäftigt die Briefe Paulinens und ein Medaillon mit dem Haare seiner Kinder in eine Brieftasche zu schließen, die er in der Uniform auf seiner Brust verbarg.

Als er den Hut aufsetzte und der Thüre zuschritt, hielt François ihn zurück. Hoheit! fing er wieder an, ma vie Vous appartient, aber freilich, die Jugend kann das Alter entbehren; wir Alten können nur die Jugend nicht entbehren. Denken Sie, gnädigster Herr, an die Frau Prinzessin Mutter! et ne Vous exposez pas trop! rief er, in Thränen des Prinzen Hände küssend. Dann, als halte er diese ernste Ermahnung für unangemessen, fügte er scherzend die Worte hinzu: Mon Dieu! wie werden die Frauen Hoheit vergöttern, wenn Sie aus dem Felde zurückkehren! — Mais pour retourner il faut vivre avant tout!

Ich danke Dir, François! von Herzen danke ich Dir! war Alles, was der Prinz der Rede des Alten entgegnete, während er ihm die Hand schüttelte und das Gemach verließ.

Im Vorsaale empfingen ihn seine Adjutanten. Als er sein Pferd bestiegen hatte, gab er nochmals dem alten Johann, der nicht mehr in die Schlacht zu folgen fähig war, und François die Hände.

Beide blickten ihm nach, so lange sie ihn sehen konnten.

Der ist von des alten Fritzen Schlag! meinte Johann, und François sagte, sich die Augen trocknend, während er in das Haus zurückkehrte: Dieu le protège! c'est un vaillant enfant! Er hätte verdient, ein Franzose zu sein!

Siebenzehntes Kapitel.

Es war um die Mittagsstunde des zehnten Oktober. Der Kampf hatte bereits zwei Stunden gedauert, als Prinz Louis Ferdinand einzusehen begann, daß er sich einem dreifach überlegenen Feinde gegenüber in einer Stellung befinde, welche von Stunde zu Stunde unhaltbarer und gefährlicher wurde.

Ein Hauptangriff gegen die, auf der Höhe nach Blankenburg vorrückenden feindlichen Kolonnen, welche dem Prinzen den Rückzug von Saalfeld nach Rudolstadt abzuschneiden drohten, schien unerläßlich. Dieser Angriff mißlang, und nur die persönliche Unerschrockenheit des Prinzen, der sich überall der größten Gefahr aussetzte, vermochte die zurückgeworfenen Truppen vor wilder Auflösung zu schützen. Von jetzt an war der Rückzug unvermeidlich und mit schwerem Herzen entschloß sich der Prinz, den Befehl zu demselben zu ertheilen. Als dies geschehen war, sprengte er selbst, nur von einem Adjutanten begleitet, nach der Stadt zurück, um hier die nöthigen Maßregeln zur Deckung des Rückzuges zu treffen.

Aber schon am Thore begegneten ihm fliehende Haufen seines Fußvolkes, welche von dem mit Macht herangedrungenen Feinde zurückgetrieben worden waren. Nur einige Trupps Jäger und Füseliere hielten sich vor der Stadt, deren Thore man bereits in der Geschwindigkeit barrikadirte. Der Prinz sprengte den Fliehenden entgegen. Vor seinem Anblick verstummte das wilde Geschrei der Flüchtigen.

Seid ihr Preußen? rief er ihnen mit starker Stimme zu, wann haben jemals preußische Soldaten ihren General, einen preußischen Prinzen verlassen?

Ein lauter Vivatruf war die Antwort. Der Prinz stellte sogleich die Ordnung wieder her, und wies ihnen den Punkt am Ausgange der Vorstadt an, bei dem sie Posto fassen sollten. Sein ruhiges, würdevolles Benehmen wirkte auf die Truppen wie ein Zauber. Obgleich er in diesem Augenblicke die dringende Gefahr seiner Lage völlig übersah, nahm man doch auf seinem Gesichte eben so wenig als in seinen Aeußerungen und Bewegungen irgend Etwas wahr, was die auf ihn blickenden schwächeren Gemüther hätte beunruhigen können. Absichtlich ritt er mit langsamem Schritte vom Thore der Stadt bis zum Ausgange der Vorstadt zurück, wo er mit bewunderungswürdiger Gelassenheit den Knäuel auseinander wickelte, den ein hier am unrechten Orte haltender Kavallerietrupp veranlaßt hatte.

Aber diese Anordnungen verschlangen kostbare Zeit. Der Rückzug auf Wöhlsdorf, den die Kavallerie bereits angetreten hatte, ward immer gefahrvoller durch das Vordringen des Feindes, der, mit aller Macht anrückend, und die gegen ihn aufgestellten Regimenter langsam zurückwerfend, jetzt die ganze Masse seiner bisher versteckt gehaltenen überlegenen Kavallerie zu entfalten suchte, um durch einen großen Reiterangriff die Niederlage der zurückweichenden preußischen Corps zu vervollständigen.

Der Prinz begriff die Wichtigkeit des Augenblickes. Es galt, die Aufstellung der feindlichen Kavalleriemassen zu hindern. Dies konnte nur durch Geschütz geschehen. In seiner Nähe, auf einer

kleinen Anhöhe, hielten als Reserve-Artillerie zwei berittene Ka=
nonen. Der Prinz befahl, sie herbeizuholen, um die, sich in Kar=
tätschenschußweite entwickelnden französischen Husarenregimenter
mit Kartätschen zu beschießen. Als er eine Zögerung in der Aus=
führung seines Befehles bemerkte, sprengte er selbst dorthin.

Der Adjutant, blaß und bebend vor Zorn, hielt vor dem
Unteroffizier, der die Geschütze befehligte.

Hoheit! rief er dem Prinzen zu, der Hund von Unteroffizier
weigert sich, dem Befehle zu folgen, und die Stückknechte, die nur
seinen Winken gehorchen, versagen gleichfalls den Gehorsam.

Vorwärts! Vorwärts! wenn Dir Dein Leben lieb ist! herrschte
der Prinz. In demselben Augenblicke, wo er dem Manne in's
Gesicht schaute, erschien er ihm bekannt. Es waren die wilden,
frechen Züge des Rekruten, den er vor Jahren bei dem Trans=
porte vor dem Oranienburger Thore in Berlin gesehen hatte, wo
der Werbeoffizier seinen Hund auf ihn hetzte, um den Zurückblei=
benden herbeizutreiben.

Der Unteroffizier blieb unbeweglich. Hierher bin ich postirt
vom General Bevilaqua. Der hat mir gesagt: ich solle auf
keine Ordre den Platz verlassen, und so thue ich, mag kommen,
wer da will.

Der Mensch ist wahnsinnig! rief der Prinz. Er stürzt uns
in's Verderben.

Was geht das mich an! trotzte mit frecher Stimme der Unter=
offizier. Ich bin ja nicht freiwillig hier. Der Prinz hier hat
selbst gesehen, daß ich mit Hunden in den preußischen Soldaten=
rock gehetzt bin.

Der Prinz verlor die Fassung. In der Verzweiflung über
diesen Trotz führte er einen Hieb mit der flachen Klinge auf den
Menschen, indem er ausrief: Ich steche Dich nieder, Elender! wenn
Du nicht augenblicklich folgst.

Hoho! davor ist Rath! schrie der Andere, und seinem Gaule

die Sporen gebend, jagte er, gefolgt von einem Theile seiner Stückknechte, der Stadt zu.

Hat sich denn Alles wieder uns verschworen! rief der Prinz aus, als in diesem Augenblicke der Erdboden erdröhnte von dem Hufschlage der feindlichen Reiterei, welche sich unterdessen ungehindert entfaltet hatte, und mehrere tausend Mann stark auf den Rest der Infanterie des Prinzen losstürmte. Doch dieser ließ sie fast auf Pistolenschußweite herankommen, und empfing sie dann mit einem so mörderischen Feuer, daß sie in Unordnung sich zur Flucht zurückwandte.

Dieser Augenblick muß unser Schicksal entscheiden! sagte der Prinz, und sprengte von seinen Adjutanten, Lieutenant Nostiz und Hauptmann Valentini begleitet, auf das nahe Wöhlsdorf zu, wo fünf Eskadrons sächsischer Husaren aufgestellt waren.

Mit den Worten: Mir nach Kameraden! setzte er sich an ihre Spitze, und stürzte sich im wildesten Jagen auf die feindlichen Kavalleriemassen.

Allein dieser Angriff, ohne Einheit, ohne Ordnung unternommen, scheiterte an der überwiegenden Stärke des Feindes, der durch eine geschickte Bewegung sich den ansprengenden Schwadronen in beide Flanken warf.

Die Unordnung der fliehenden Haufen, von der ganzen Masse des Feindes verfolgt, theilte sich den noch Standhaltenden mit, und preußische, sächsische und französische Husaren stürzten in tollem Jagen in das, von Hohlwegen durchschnittene Terrain, dessen Beschaffenheit die Verwirrung noch vermehrte.

Alle Bemühungen des Prinzen, der mitten im Handgemenge oft wie ein gemeiner Reiter focht, waren unvermögend, den Strom der Flüchtigen aufzuhalten.

Um Gottes Willen, retten Sie sich, Hoheit! rief ihm einer der Offiziere zu, welche sich in dem Handgemenge zu ihm gesellt hatten, um das kostbare Leben ihres fürstlichen Generals zu vertheidigen.

Die Schlacht ist verloren! was liegt an meinem Leben! rief er verzweiflungsvoll aus.

Alles Hoheit! Ein gefangener Prinz von Preußen ist verhängnißvoller, als eine verlorene Schlacht. Bedenken Sie, daß Sie Ihr Leben dem Vaterlande schulden.

In diesem Augenblicke zeigte sich am Eingange des Hohlweges, in dem sie kämpften, ein Trupp französischer Husaren, von einem Offiziere der Cheveaux légers geführt, welche mit wildem Geschrei auf den Prinzen und seine Begleiter einsprengten.

Noch immer schien der Erstere unentschlossen; da ergriff Lieutenant Nostiz das Pferd des Prinzen am Zügel und wandte es zur Flucht. In diesem Momente mochte dem Prinzen zum erstenmale die Möglichkeit lebhaft vor die Augen treten, statt eines heldenmüthigen Todes das schreckliche Geschick der Gefangenschaft zu erleiden; denn er bedeckte mit dem Hute den Stern auf seiner linken Brust, und der Schnelligkeit seines vortrefflichen Pferdes vertrauend, versuchte er über Gräben und Hecken aus dem Bereiche der Verfolgenden zu entkommen.

Plötzlich aber sperrte ihm die Umzäunung einer Wiese den Weg der Flucht. Der Prinz war der geschickteste Reiter des preußischen Heeres. Er spornte seinen Schweißfuchs, mit welchem er oft viel gewagtere Reiterkünste geübt, zum Sprunge über den scharfkantigen Zaun. Das treue Thier streckte sich mit der letzten Kraft zu dem gefährlichen Satze, aber die Anstrengung des Tages, dessen Verwirrung den Prinzen in den letzten Stunden verhinderte, ein frisches Pferd zu nehmen, hatte die Kräfte des edlen Rosses erschöpft. Der Sprung gelang nur halb, das Pferd blieb mit einem Hinterfuße in der Umzäunung hängen und stürzte nieder.

Während der Prinz noch beschäftigt war, sich von dem Sturze aufzuraffen, hatten ihn aber die verfolgenden Husaren bereits erreicht, und ehe er noch die Klinge zur Abwehr entgegenstrecken konnte, empfing er einen Hieb auf den entblößten Kopf, der ihn taumeln machte. Zu gleicher Zeit drang der Offizier in Chevaux- legers=Uniform mit dem Rufe auf ihn ein: Sie sind mein Ge- fangener! Ihren Degen, Prinz!

Da hast Du ihn! entgegnete Louis Ferdinand, mit der letzten Kraft einen Stoß auf seinen Gegner führend, der demselben den linken Arm durchbohrte.

Nun, so fahre hin! schrie der Andere wüthend, und begrub seinen langen Stoßdegen in die Brust des Prinzen.

Ist's möglich! rief der Prinz besinnungslos zusammenbrechend.

Mit stummem Entsetzen erblickten der Hauptmann Valentini und der Lieutenant Nostiz, welche in diesem Augenblicke mit eini- gen Reitern herbeisprengten, den gefallenen Fürsten. Ihre Be- mühungen, den Sterbenden dem Feinde zu entreißen, waren vergebens. Die Uebermacht neu herandringender Franzosen zwang sie, den theuren Leichnam zu verlassen, an welchem die Wuth der feindlichen Husaren noch mit Hieb= und Stichwunden ihren Grimm ausließ.

Zerfetzt und nackt ausgeplündert ward Prinz Louis Ferdinand am Abend, nur in ein Laken gehüllt, unter dem Schalle der Musik durch die Straßen von Saalfeld getragen, und dort in der Fürstengruft beigesetzt.

So endete Prinz Louis Ferdinand. Er hatte das vierund- dreißigste Jahr noch nicht zurückgelegt.

Das Schicksal, welches ihm versagte, die Erhebung des Jah- res achtzehnhundertdreizehn zu erleben, hatte ihm wenigstens den Todesschmerz erspart, über den, wie es damals schien, hoffnungs- losen Fall des Vaterlandes.

Der heldenhafte Ausgang seines Lebens versöhnte selbst die strengsten Richter desselben mit den Irrthümern und Ausschwei- fungen, in welchen sich eine Jugend verloren hatte, deren Unglück es war, ein Prinz zu sein. In dem Gedächtniß Aller, welche ihn gekannt, lebte er fort als eine schöne seltene Erscheinung. Das Volk aber trug Leid um seinen Liebling noch Jahre lang, und aus den Tagen unserer Kindheit klingt das vielgesungene Lied:

Klaget Preußen! ach er ist gefallen!

mit den rührenden Tönen seiner Melodie in unserer Erinnerung nach.

Ende des dritten Bandes.

Druck von Eduard Krause in Berlin.